村上世彰、高校生に投資を教える。

Murakami Yoshiaki teaches investment to high school students.

N高投資部
特別顧問
村上世彰

角川書店

はじめに
投資を通じて「怖さ」を知って欲しい

皆さん、はじめまして、村上世彰《むらかみよしあき》です。

この度、N高等学校（N高）投資部の特別顧問として皆さんに投資の講義をさせていただくことになりました。

投資というのは、本質をよく理解して取り組めばとても楽しいものですし、私たちの生活や社会を豊かにしてくれるものです。この講義では皆さんにそのことをぜひ理解していただきたいと思っています。

そして、できれば皆さんに投資を好きになっていただきたいと思っていますし、この中から投資家として成功する人が何人も出てきて欲しいなと思っています。

「投資で資産を増やすにはどうしたらいいのか、ずばり教えて欲しい」という方も中にはいるでしょう。もちろん、そうした話もしていきます。

しかし、逆説的ですが、自分の利益ばかりを考えて投資をすることは、自分自身にとっても必ずしも幸福な結果をもたらすことにはなりません。

投資というのは私たちの社会の中でとても大事な役割を果たすものです。投資家は、その大事な役割を担っています。そして、投資の本質をきちんと理解した上で、自分の投資している会社が社会にどう役立つのか、あるいは自分の投資行動が社会にどう役立つのか、という社会的な視点を見失わないで投資を続けることが、結果的には投資で資産を増やすことにもつながります。

私自身は、もともと日本に「コーポレート・ガバナンス」を浸透させたいという想いで、ファンドを設立しました。ファンドをやめた今でも、「コーポレート・ガバナンスの浸透と徹底」を目指して投資をしています。そのようにミッションを背負いながら投資を続けてきたからこそ、投資で資産を作ることができたと思っています。

私の講義では、まず投資の本質をしっかり理解していただきます。その上で、より実践的な投資についての考え方についても述べていきます。入部にあたり部員の皆さんには、

『いま君に伝えたいお金の話』（幻冬舎）を読んでもらいました。講義でもこの内容に少し触れたいと思います。でも、私の話を聴いてもらうだけではありません。村上財団から提供させていただいた、一人あたり20万円の資金枠で実際に投資をしていただきます。

その後、運用成績や面談、報告書の内容に応じて、50万、１００万円の枠も用意していきます。でも、もし利益が出たら、その分は皆さん一人ひとりに差し上げますが、損が出た場合には財団がかぶるので、ぜひ積極的に投資に取り組んでみてください。そして、１年の部活が終了したら、利益以外の部分、もしくは手元に残った分をまた財団に寄付してください。こんなことをお願いするのは、「資金循環」ということの意義も、今回皆さんに学んで欲しいからです。ぜひ、「経験」というバトンを、次の人たちに回していただきたい。こうしてぐるぐるとお金が社会の中を回っていくことで、恩恵を受けることのできる人がどんどん増えていくのです。「資金循環」は、今の日本において、最も重要かつ必要なことです。

そもそも、どうしてこのような取り組みをするかというと、投資の話を聞いてもらうだけでなくて、皆さんには実際に投資を体験していただきたいと思っているからです。本来は少しの額でも自分で用意して、損が出ても自分で負うという自己責任の下で投資するのが良いのかもしれません。しかし、それではなかなか投資に踏み出せない人が多い。なので、まずは投資に触れるきっかけとしてこのようなプログラムにしました。

この本を読まれている方で、まだ投資をされたことがない方は、少しの金額でいいですからご自身で用意していただいて、実際に投資を体験していただきたいなと思っています。株式投資は数万円程度あればできますので、ぜひチャレンジしてみてください。また村上財団では、今回N高生と行ったものに近いプロジェクトを、全国の中学生、高校生向けにも用意しています。子どもに投資に触れてみて欲しい親御さんや、あるいはやってみたいという中高生がいましたら、ぜひ財団のウェブサイトものぞいてみてください。

実際に投資を体験した結果、投資を好きになっていただければこんなにうれしいことはありません。もちろん、残念ながら「もう投資はしたくない」という結論に至る方もいることでしょう。しかし、実際に投資を経験してみて、自分で考えて出した結論ならば、それはそれで有意義なことだと思います。

投資を体験することは、なによりお金について深く考えるきっかけになります。大人になってからお金で苦労しないように、できるだけお金と上手く付き合えるように、この機会に投資を通じてお金について考えていただければと思っています。収入や資産の多い、少ないではありません。手元にあるお金をいかに自分や周りの幸せのために上手に使えるか。それが豊かさだと思います。そして、お金に振り回されることなく、精神的にも経済的にも豊かな人生を歩んでもらえればと思っています。

私は優れた投資家になるためには「怖さ」を知ることが大切だと考えています。ただお金を減らす怖さだけではありません。失敗したとき、自分の描いたシナリオの通りにならないときには、自分自身を否定したくなるような、そんな思いに駆られます。そうした挑戦に伴う怖さを知っていただくことで、一つひとつの投資に真摯《しんし》に向き合い、たくさんのことを学べるようになります。失敗をしなかった投資家はいません。ぜひたくさん失敗をして、人間としても大きく成長して欲しいと願っています。

これから9講にわけて、投資をする上で必要な考え方を、お話ししていきたいと思います。どうかお付き合いください。

2講　お金との付き合い方——

3講 実際に投資してみる――

4講　投資成功の決め手「期待値」――

5講 「価値」と「価格」の見極め方――

6講 「将来性」を見極める——

編集協力 小泉 秀希
装丁・本文デザイン 八木 麻祐子（Isshiki）
DTP 青木 奈美（Isshiki）

1講

株式投資の3大メリット

――世の中の動きを知り、世の中に役立ちながら、お金を増やせる

株式投資は世の中に役立つ行為

1講では、まず投資とは何かというお話をしたいと思います。

いま皆さんは、学校で勉強をしていますね。なぜかというと、たとえば将来自分の就きたい仕事に就いたり、より良い生活をしたりといった、少し先の未来のために、いまお金や時間を費やしながら勉強をしているわけです。

同じように、スポーツ選手が厳しい練習を重ねているのは、試合に勝つという、日々の練習にまさる大きな結果＝リターンを求めているからです。

このように、少し先の未来において大きな利益が得られるように、いまコストを支払うこと、これが投資です。

ただ、単に投資と言う場合には、皆さんのイメージの通り、将来のお金のリターンを求めることが多いです。不動産投資や債券などいろいろありますが、今回講義でお話しするのは、株式会社が発行する株を買う「株式投資」です。


それでは、株式投資に対して皆さんはどんなイメージを持っているでしょうか。

「すごく難しそうだし、自分には縁がないもの」

「働かずに楽をして儲《もう》けようとするもの」

「リスクがあって怖いもの」

というように、ネガティブなイメージでとらえている方も多いと思います。


株式投資を行うことには様々なメリットがあります。社会全体で見れば、そうやって資金が社会の中で循環することが、経済の停滞を防ぎ、成長につながります。投資した資金は、将来的な経済成長や好景気といった形で戻ってくるのです。

一方、個人単位で考えたときには、そのメリットの最たるものが

①世の中の動きを知る
②社会の役に立つ

③お金を増やす

の3つです。

株式市場は世界の様々な動きを反映して動くものですから、投資を始めると世の中の様々な出来事に興味が湧きます。

ここ数年の出来事を考えても、トランプ大統領の登場、イギリスのEU離脱、新型コロナウイルスの感染拡大などといった出来事が株式市場を大きく揺るがしました。少しでも株式にお金を投じている人は、こうした出来事に際して人一倍情報を見聞きし、一生懸命考えたはずです。

こうした政治的なニュースだけでなく、新しいテクノロジーやサービスもまた世界を変えていきます。N高の母体となったドワンゴが始めたニコニコ動画やYouTubeを毎日見ている人も少なくないでしょう。これらの動画のネット配信が出てきてからまだ20年も経っていません。

そもそもインターネット自体が普及したのもここ30年です。私たちの生活には日々様々な変化が起きています。そうした変化の波に乗って、大成長株が次々と生まれているのです。現在の世界を牽引《けんいん》し、莫大《ばくだい》な時価総額となっている企業をまとめてGAFAと呼ぶことがありますが、そのうちアップルを除くグーグル、アマゾン、フェイスブックはここ30年の中で生まれた企業です。

株式市場の動きにはこうした世の中の様々な変化が反映されています。株式市場を見ているだけで世の中に何が起きているのかに気づくことができますし、世の中の様々な動きに対しても「もっと知りたい」という気持ちが湧いてきます。

今回N高生とやっているようなプロジェクトを村上財団でも行っていますが、投資を始めたおかげで、新聞を読んだりニュースを見たりするのが楽しくなったという声を聞きます。親子で投資を始めた方たちからは、普段の親子の会話も増えたという報告もいただきました。

いろいろ勉強して世界の動きを知る中で、「この会社はこれからの世の中に役立つ」、「日本の将来のためにこういう会社が成功して欲しい」という会社が見つかることでしょう。そうした会社に投資することによって、その会社を金融面で支援することになりますし、またその会社が本当に世の中の役に立つようなことをしてくれれば、その会社に投資した投資家も世の中の役に立ったということができます。

また、投資家は配当金や株主優待を受け取ることができます。もちろん、それは付随する小さなものですし、会社の状況にもよるものですが、一番は株価が上昇するという形で報われることで、私たちの資産を増やすことにつながります。

このように、投資というのは私たちの生活と社会を精神的にも経済的にも豊かにしてくれる可能性を秘めたものなのです。

好きなゲームが投資のヒントになることもある

たとえば、高校生の皆さんの中には、ゲームが好きな人も多いでしょう。

ここ何年かでも新しいゲームがどんどん流行しています。任天堂がリリースしたポケモンGOやどうぶつの森といったゲームは世界的に大流行し、社会現象を生んでいます。任天堂のような老舗企業だけではありません。近年はスマホ用ゲームのパズル&ドラゴンズや、モンスターストライク、白猫プロジェクトなどが、若い世代を中心に大いに人気を博していると聞きます。このあたりのことは、私より皆さんの方がよく知っていると思います。

これらのゲームを手掛けた会社であるガンホー・オンライン・エンターテイメント、ミクシィ、コロプラは起業して10年~20年程度の若い会社です。けれども、いずれも株価を額面の何十倍にも上昇させました。

今回投資部に参加してくれた方の中に、こうしたゲーム分野の動きに興味があるという方もいました。実際に若いゲーム好きな方が、こうしたゲーム会社の株に目をつけて投資して、ひと財産築いたというような話も聞きます。

もちろん「株式投資なら簡単にお金儲けできる」と言うつもりはありませんし、身の回りで流行り出したものに目をつけて、その会社の株を買ったら必ず儲かるというほど、簡単なものでもありません。

ここでお伝えしたいのは、株式投資について、一通りの基本的な考え方を学び、ある程度経験を積んで判断力を養い、自分の頭で一生懸命に考えて投資する習慣が身に付けば、身の回りの出来事をヒントに大きなチャンスをつかむことも可能になるということです。

株式投資は年配者だから有利だとか、若者だから不利だとかいうことはなくて、それぞれの人が自分の強みを生かしてチャンスを探すことができるものなのです。

株式市場には日本だけで3700近い会社が上場していて、様々な分野の様々な会社が存在しています。その中には、私たちにとって親しみのある商品やサービスを提供している会社も、多数含まれます。

そして、その中には得意な分野だからできる投資というのがあります。それぞれの人が自分の得意分野を生かして、投資チャンスを探すことが可能なのです。

そうした意味で、株式投資というのはすべての人にとって親しみが持てて、大きく資産を増やす可能性を秘めた世界なのだと言えるのです。

限られた資産を奪い合うギャンブルと、皆で儲けられる株式投資

「株式投資なんてギャンブルじゃないか」という意見も多いですね。確かに株式投資とギャンブルには共通点も少なくありません。「リターンを期待して資金を投じる」という点など、まさに共通点です。

しかし、株とギャンブルにはやはり大きな違いがあると私は考えています。それは、株はプラスサムゲームだが、ギャンブルはマイナスサムゲームだ、という点です。

プラスサムゲームとかマイナスサムゲーム、あるいはゼロサムゲームという言葉を皆さんは知っていますか。これらは投資について理解する上で重要な概念なので、分かりやすく説明しておきたいと思います。

まず、限られた富を奪い合い、参加者の収支の合計がゼロとなるゲームを、ゼロサムゲームといいます。この場合、誰かの利益は誰かの損失になる、というわけです。

たとえば、法律で禁じられたものではありますが、賭けマージャンのようなものをイメージしていただくと分かりやすいと思います。これは勝った人が負けた人からお金をもらうというものです。この場合、当たり前ですが、勝った人と負けた人の損益の合計はゼロになります。単に負けた人から勝った人へ、お金が移っただけだからです。これがまさにゼロサムゲームです。

ＦＸは実はこれに近いものです。たとえば、ドル円の場合、ドルを買って円を売っている投資家がいる裏で、ドルを売って円を買っている投資家が必ず存在していて、片方が儲かれば、その分もう片方が損をする、という仕組みになっています。ＦＸの場合、仲介業者の手数料はかなり安いので、ドル円を売買している投資家たちの収支は、合計するとほぼゼロになります。つまり、FXはゼロサムゲームだといえます。

一方で、参加者の収支の合計がマイナスになるゲームを、マイナスサムゲームといいます。競馬などのギャンブルは、主催者が開催費を取り、残りを参加者たちで取り合っていることになります。

たとえば、競馬や競輪などの公営ギャンブルの場合、参加者が払ったお金のうち25％を主催者が取るので、残りの75％を奪い合っています。

宝くじの場合は、50％以上を主催者が取り、残りを参加者で奪い合っていることになります。

それらに対して、株式投資は基本的にはプラスサムゲームです。

もちろん、バブル崩壊など大きな株価下落があれば、その時期だけで見ると、株式投資家のリターンの平均値はマイナスになってしまいます。しかし長期的に見ると、株式投資のリターンの平均値はプラスになっています。

日本ではバブル崩壊のイメージがあまりにも強烈なので、そうしたイメージを持ちにくいかもしれません。

しかし、これまでの世界の株式市場の事例やデータを見ると、配当も含めた株式投資の

パフォーマンスは、平均するとプラスになるのです。日本でも、バブル崩壊の時期を含めたとしても、ある程度長期的に見たら、株の平均的な収益率は他の様々な資産と比べて高くなっています。

つまり、株式投資というのは、長い目で見れば皆で資産を増やすことができる営みなのです。これが株式投資とギャンブルの大きな違いです。

なぜ、株式投資は長期的なリターンがプラスになるのか。そのことを少し考えてみましょう。

そもそも株式投資というのは、企業に資金を提供することで、世の中の生産活動を支える働きをしています。それによって、投資家は生産活動で生み出された利益の一部を受け取ることができています。いま皆さんが日々触れている様々なサービス、その多くが直接的に、あるいは間接的に投資家の資金によって実現したものです。

このように、株式投資自体が世の中の役に立つ生産的な活動であり、それによって分け合う富が増えていくため、プラスサムゲームになります。

つまり、「限られた富を奪い合うもの」ではなく、「皆で富を生み出し分け合うもの」という点が、株式投資の大きな特徴です。社会的な観点から見ても、ギャンブルは生産的な営みとはいえませんが、投資は生産的な営みであるといえます。

私が皆さんに株式投資について学んで取り組んでいただきたい理由はここにあります。

投資で大切な3つのポイント

では、投資で成功するためにはどうしたらいいのかというと、次の3つのポイントにまとめられると思います。

①「投資の本質」をしっかり理解した上で、
②「期待値」を考えて投資判断をして、
③「リスク管理」を考えて投資する

2講以降、これらのポイントを詳しく述べていきます。

まずは投資の本質についてじっくり考えて理解しましょう。

「そんなことより早く儲け方を教えろ」という人もいるかもしれませんが、継続して収益を上げられるような投資家になるためには、投資の本質をきちんと理解しておく必要があります。

投資は社会の中でどんな役割をしているのか。そして、投資による収益はどのようにして生まれるのか。

そうしたことを理解する前提として、次の2講では、「そもそもお金とは何か」ということからお話ししていきたいと思います。

N高投資部レポート①

なぜ投資部に入部したのか

N高投資部には50名という定員があった。そこに入部の希望を出したのは268人。彼らは入部選考のためにレポートを提出した。彼らが投資を学びたいと考えた動機はなにか。入部が決まった生徒の中から紹介する。

伊藤光基さん

私が投資部に入りたい理由は、経済に興味があるからです。特に、世界のお金の流れや、どの企業がどこの企業に出資したかなど、自分なりに調べています。その調べた内容をもとに、投資していきたいと考えています。

また、最大5000億円にも上る資金を運用していた村上世彰さんから教えてもらえる。それに昔から本で読んでいた人から教えていただけるということから、投資部に入ろうと思いました。

伊藤創さん

僕は将来物書きになりたいと思っています。投資部で大きな利益が出たら、物書きとしての素養を得るために、海外へ一人旅をすることに使いたいと思っています。

まずはイギリスへ行き、イギリス国内を隅々まで回ってみたいです。その旅を通じて、人間的にも一皮、二皮むけて、成長したいです。投資をして、お金を動かして、どのようなことが起こるのか、今から楽しみです。

佐藤彩海さん

海外で働くことが私の夢です。そのために、まず授業料が無償であるドイツの大学に通いたいと考えています。しかし両親の収入が低く、正直生活費が足りていません。また英語の勉強も十分には出来ていないというのが現実です。何か手段はないかと思い、現在はネットを利用して学習しています。投資部で利益を出すことが出来たら、家族のためと、自分の勉強のために使いたいと思っています。

また、日本の活気を取り戻したいという思いがあります。たとえばヨーロッパの国は日本に比べて税金が高い代わりに、小学校から大学まで無償で通えるため、国民は安心して過ごすことが出来ます。ですが日本では様々な問題から不安を感じ、将来の保障を自分で作るために、お金を貯蓄しているのではないかと思います。これでは村上さんもおっしゃっていた通り、貯め込むとお金が回らず、経済が発展しません。お金を回すためには将来への安心が必要なのではないかと考えています。

今すぐには出来ないとしても近い将来その希望を作るために投資を勉強し、戦略的な思考や将来性を考えられる能力を身につけ日本の高い技術を救って、活気を取り戻したいです。そのためにも挑戦することを諦《あきら》めずに、頑張りたいと思っています。

松久保美羽さん

投資で成功したら、そのお金で海外に行きたいです。私は新しい知識をたくさん吸収して、常にチャレンジし続けることを1つの目標にしています。知りたいという気持ちや探究心や、やってみたいことに対して貪欲《どんよく》でありたいです。まだ海外へ行ったことがなく、私は日本の価値観や考え方、文化しか知りません。問題や困難に直面して解決策を考えるとき、1つの価値観しかないと、圧倒的に選択肢の幅が狭くなってしまうと思います。でも他の国を知っていたら、全く違う解決方法にたどり着くことだってできるかもしれません。だからこそどんどん海外へ行って、自分の世界を広げていきたいと思っています。

また、もう1つ使い道として考えていることがあります。それは子どもたちに居場所を提供するNPO法人を自分でつくることです。それが難しいなら、今ある各地のこども食堂に寄付をしたいです。なぜ子どもの居場所かというと、子どもは立場も弱く今いる環境から離れて一人で生きていく、ということが難しいからです。その結果虐待を受けたまま亡くなってしまう子どもが、まだ大勢います。

今各地でこども食堂を開催しているところも多いのですが、資金や人手の問題で、月に1回程度の開催だったりと、まだまだイベント的で、常設できていないというのが現状です。いつでも開いていて、何かあったときだけでなく、何にもないときでも気軽に立ち寄れるような、そういう場所を作れたら良いなと思っています。そのためには、やはりたくさんの資金が必要です。何もせずに見ているより、一人でも多くの子どもに良かったと思ってもらえるようなことをしたいです。

2講

お金との付き合い方

――お金は稼いで、貯めて、回して、増やす

若い時にお金について学ぶことの重要性

この講義の主題はあくまでも投資なのですが、良い投資家になるためにも、ぜひお金についての正しい考え方、お金との上手な付き合い方を、身に付けていただきたいなと思っています。

というのも、日本では投資以前にお金についての教育というものが全くなされておらず、そのためにお金にまつわる様々な悲劇が引き起こされ、国の経済そのものも行き詰まってしまっていると私は考えているからです。

私は幼いころから家族の間で「お金」について話をし、小学3年生から投資を始め、父が投資する案件を実際に見に行ったりして、育ってきました。日本では、自分のような存在は珍しいと思います。

そして、日本を離れてみて、これほどお金について家族で話をしない国はないし、お金を「悪であり汚いもの」ととらえている国はないということを、改めて感じました。

日本の家庭や学校がお金の話を避けてきた結果、たとえば奨学金という名のついた教育ローンを返せずに、破産にまで追い込まれてしまう人が生まれて問題となっています。他にも目的もなくむやみにお金を貯め込む人が大勢いる一方で、老後を見据えた貯蓄ができない人もたくさんいる。「お金」と上手に付き合うことのできない人が、非常に多い国になっています。

これは、個々人が「どう幸せに生きていくか」という視点から考えても大問題なのですが、日本という国そのものの将来的な成長を考えても、ただただマイナスでしかありません。過去数十年、日本があまり成長できていないのは、個人や企業が意味もなくお金を手元に貯め込んで、流れをせき止めてしまっているからです。

私はいつも「お金は血液と同じで、循環しないと意味がない」と言っています。日本では、もっともっと社会の中でお金が循環する必要があります。お金は循環すればするほど、さらなるお金を生み出し、国が豊かになっていくのです。

長期的に見て、国を変えていくには、国を支える人々の意識を変えていく必要があり、**そのためには、若いうちから「お金」と触れ合い、真剣に向き合い、上手な付き合い方を学んでいく必要があります。**どうしたら、そのお手伝いができるか。そう考えたときに、若いうちに投資を体験してもらうというプロジェクトにたどり着きました。

この数年で、いろいろな学校へ行き、子どもたちにお金の話をしました。そうした講義のあとには、「楽しかった！」、「もっとお金について知りたい」といったポジティブな感想がとても多かったのです。

そこで、次のステップとして、どのようにお金について勉強を深めていけばいいのかということを考えたときに、株に投資をしてみる機会を提供するのが、一番いいのではないかという思いに至りました。

株式市場には世界中のいろいろな要素が凝縮されていて、様々な因果関係も見て取ることができます。

自分で株を持って、お金が減ったり増えたりするのを見ていると、「何で下がったんだろう」、「何で上がったんだろう」と、一生懸命考えるようになる。情報が必要なので、ニュースや新聞も見るようになる。そうすると、世の中のいろいろなことが、すべてつながっていて、私たちの日々の暮らしに大きな影響を与えていることがわかります。

こうしたことを積み重ねていくと、お金の本質的な価値がわかるようになってきます。そして、自分にとってお金とは何なのかを考え、自分に合った暮らし方を若いうちから見《み》出《いだ》すことで、無駄にお金に執着したり、お金に振り回されたりする人生を送らなくて済むようになると信じています。

いま私が金融教育に力を注いでいるのは、お金について考えるきっかけが重要だと思っているからです。これが、N高の投資部の特別顧問に就任した理由です。

お金は本来「便利な道具」だけど凶器にもなる

日本ではお金についてネガティブなイメージが根強くて、お金を欲しがったり、表立ってお金の話をしたり、ということを嫌う風潮があります。そのために、学校でもお金について教わったり考えたりする金融教育というものが、ほとんどなされていないというのが現状です。

確かに、お金をめぐって様々な犯罪が起きたり、醜い争いが起きたりすることが多いことは事実です。

だから、「お金なんか汚らしい！」、「お金なんてこの世になければいいのに！」という気持ちは分からなくもありません。

しかし、それはお金自体が悪いわけではなくて、お金をめぐる人間側の行動が悪いのであって、お金に関して問題を起こす人間側の考え方や行動を問題にするべきです。

ここでお金に関してぜひ理解していただきたいことは、「そもそもお金というのは人間が生み出した便利な道具に過ぎない」ということです。

それはきちんと使えばとても便利な道具ですが、使い方を誤れば凶器にもなります。これはそもそもお金だけでなく、包丁や自動車などどんな道具にも当てはまることです。包丁も自動車も本来的には便利な道具に過ぎませんが、それで人を殺してしまう人もいます。だからといって包丁や自動車が悪いという話にはなりません。

大切なのは、それがどんな道具なのかをきちんと理解して、正しく使うことなのです。

お金の３つの機能

お金は具体的に次の３つの機能を持つ道具です。

①何かと交換できる
②価値をはかることができる
③貯めることができる

物々交換ではなかなか物のやりとりがスムーズにいきませんし、経済の発展には限界が出てしまいます。物の価値をはかって比べることができて、物のやりとりを仲介する機能があるお金が発明されたことで、私たちの経済は格段に成長することができました。社会の中で流れ、必要とされるところに必要とされるものを運んでいく機能を持っている。これがまさに、「お金は社会の血液だ」というゆえんです。

物々交換とは違う大きな特徴として、お金は稼いでもすぐに必要がない分について、使わないまま貯めたり、人に貸したりすることができる、ということが挙げられます。

世の中には、貯める人がいる一方で、何かをやりたいのにお金が足りなくてできない人がいます。

たとえば、新しいアイデアを思いついてビジネスをしたいのにお金が足りないとか、家族のために家を建てたいのにお金が足りない、という人たちです。そういうお金が足りないという人たちに対して、お金が余っている人や企業が、お金を提供してあげることができます。そのことによって、ビジネスをしたい人はビジネスができますし、家を建てたい人は家を建てることができます。

そして、資金を融通した人はその見返りに配当や金利などを受け取ることができ、お金を提供する側も、提供を受けた側も、それぞれメリットを享受することができます。そして将来的に戻ってきた元本は、また次に必要とする人に提供することができます。お金が、どんどんとお金を生み出していくのです。

このようにして、お金が余っているところから足りないところへ融通する活動を、金融といい、その役割を銀行や投資家が担っています。

金融というと、単にお金を右から左に流すだけで、楽してお金儲《かねもう》けをしているようなイメージでとらえている人もいるかもしれません。

ですが、基本的にそれは違います。金融という仕事は本来的には社会の動きをスムーズにし、活性化させるために重要な役割を果たしています。そういう社会的な任務をきちんと認識して、真面目に金融の仕事に携わっている人たちがたくさんいます。こうした人々は、昼も夜もなく情報を仕入れ、分析し、将来を予測し、止まることなく働いているのです。決して楽な仕事だとは思いません。

投資家もこの金融という営みを担っているわけです。お金を無くしたくて投資をする人はいませんから、当たり前ですが皆、利益を生み出すことを目標に投資をします。ただ、目先の利益だけにとらわれるのではなく、投資家本来の社会的な役割をきちんと認識して投資に取り組む人たちが増えたらいいなと思っています。そして、その方が長い目で見てお金も増えていくと思っています。

お金を味方につける人生、お金に振り回される人生

お金そのものは「便利な道具」に過ぎません。正しく付き合えば、お金は私たちの生活を豊かで便利なものにしてくれますが、付き合い方を間違えれば、お金に振り回される生活を送ることになりかねません。

投資家として成功するためには、まず、お金に対する正しい認識と付き合い方を身に付けることが必要です。

お金を味方につける人生になるか、お金に振り回される人生になるか。

どちらになるかは、お金のことをよく理解して、お金と仲良くできるかどうかで決まります。

私は投資で大事なことはすべて父から教わりました。今でも一番尊敬する投資家は父ですが、お金との付き合い方については、

「お金がないと何もできない」

「お金はさみしがりや」

という父からの2つの教えを、今でも大切にし続けています。

「お金がないと何もできない」というのは、お金の大切さや必要性を教えてくれる言葉で、「お金はさみしがりや」というのはお金を増やすための考え方について教えてくれる言葉です。これらの言葉の意味について順を追ってお話しします。

「お金の必要性の4段階」を認識する

まず、お金の大切さや必要性についてきちんと理解する必要があります。

人生はお金がすべてではないですし、お金より大切なものはたくさんあります。

しかし、今の世の中では、残念ながら何をするにもお金が必要です。お金がないと、最低限の衣食住もまかなえません。さらに、お金があることで、自分のためにも社会のためにも様々なことが実現できます。だから、やはりお金は必要なものとして、大切にしなければならないものです。多い少ないは別として、これが、「お金がないと何もできない」という教えの意味です。

ここで重要なことは、「何のために、どのくらいのお金が必要なのか、まずは目的・目標をはっきりさせる」ということです。

そのことを考えるにあたり、お金の必要性には4つの段階があるということを理解してください。

1つ目の段階は、日々、自立した生活を送るための最低限度のお金の必要性です。たとえば高校生の皆さんなら学費や生活費を保護者の方に出してもらっている人がほとんどでしょう。けれども大人になれば、こうしたお金は基本的にすべて自分が出す必要があります。もちろん、仕事がうまくいかなくなったりして、人に頼ったり、借金をする必要に迫られるかもしれません。それでもいつもお金のことで頼れる人が周りにいるとは限りません。自分が自由に生きていくために、自分、そして家族の生活のためのお金を確保することはとても大切なことです。

2つ目の段階は、大きな病気やケガをするなど、不測の事態に備えるお金の必要性です。いま健康だとしても、いつ大きな病気やケガに見舞われるかはわかりません。大きな災害や事件に巻き込まれて、会社が倒産したり、自分が経営しているお店がつぶれてしまったりといった大きな損害を被る可能性は常にあります。日々自立した生活を行うだけでなく、いざという時のためにも、少なくとも数ヵ月暮らしていける程度のお金を備えておくことが大事です。

ここまでは「生きていくためのお金の必要性」といっていいでしょう。

3つ目の段階は、以上のことに加えて、趣味や何らかの夢の実現のためのお金の必要性です。世界中を見て回りたいとか、子どもに留学させてあげたいとか、事業を起こしたいなど、様々な夢や希望を実現するためのお金も欲しいところです。

ここまでは「自分のためのお金の必要性」といえます。

4つ目の段階は、自分自身のために必要なお金に加えて、他人や社会のために使うお金の必要性です。正直なところ、私は若い時には寄付やボランティアのように他人のためにお金を使ったり働いたりするということにあまり意義を見出すことができませんでした。

もちろん、世の中のためになるようなことがしたいと思っていましたが、それは仕事を通じて行うことだと考えていました。

ですが、若いころから、敬虔《けいけん》なクリスチャンで積極的にボランティアや寄付を行ってきた妻を見てきたこともあり、40代になったころから、ごみ拾いなどのボランティア活動に参加する、自分が応援したい活動をしているＮＰＯに寄付をするという行為に喜びを感じるようになってきました。

こうした気持ちが一段と強まったきっかけは、２０１１年に起きた東日本大震災の経験です。私は現地で炊き出しなどのボランティアをしたり、あるいはインターネットで募金を集める仕組みを無償で提供したり、様々な工夫や活動をしました。こうした活動によって、本当に多くの方に喜んでいただき、少なからず誰かのお役に立てたのではないかと、大きな生きがいを感じることができました。

他人のためにお金を使うということに対しては、様々な意見や感想があるでしょう。何が正解ということはありませんし、もちろん各自が自由に判断することです。しかし、今振り返れば、もっと早くに気が付けていたらよかったと感じています。

だから皆さんには社会や誰かのためにお金を使うということの意義や喜びを、早いうち

から感じてもらえたらと思っています。だからこそ、積極的に、若い人たちに「このような お金の使い道もある」ということを伝えていきたいと思っています。

お金をめぐるこうした社会的な視点の大切さについては、後の8講や9講で述べたいと思いますが、とにかく、まずは先に述べた第3段階までのお金の必要性は十分に満たせるような経済力を、各自がつけることが大切です。他人に金銭的に迷惑を掛けず、自分のやりたいことを少しでも多くできるような人生を送ってもらいたいですし、そのための準備を始めるのに、早すぎるということはありません。

「お金はさみしがりや」という教え

私がお金を得るために考える基本は「お金はさみしがりや」という父の教えです。**お金は、仲間がいるところにどんどん集まってくるものです。仲間がいなければ、なかなかとどまってくれません。お金が集まる循環とは、「稼いで、貯めて、回して増やして、また回して増やす」というものです。**

お金を作るための基本は、やはり働いて稼ぐということになります。

しかし、稼いだお金をすべて使ってしまっては、お金の良い循環を作ることはできません。「あそこに行けばさみしくない」とお金が思ってくれるように、まずはお金をある程度貯めるということが必要になります。

そして、貯蓄したお金がある程度の額になったら、それらのお金で投資することを考えてみましょう。そのことを「回す」と表現しています。

では、増やすにはどうしたらいいのでしょうか。

詳しい考え方は3講以降で述べますが、株式投資の基本は本来の価値よりも割安な値段がついていると考えられる会社の株や、今後業績が伸びて価値が上がるような会社の株を探して投資をしていく、ということになります。

有望な投資対象を探すために世の中をよく見渡し、新聞やニュースをよくチェックし、いろいろな人の話に関心を持って、聞いてみましょう。様々な情報を頭にインプットした上で、将来どんな世の中になるのか、その中でどんな会社が伸びるのか、ということを自分の頭でよく考えてみてください。たとえば今後はもっと国を越えて飛び回る世の中になると考えれば、そうした人たちに役立ちそうな商品は何でしょうか。反対に、ネットによって家にいる時間が増えるとすれば、そうした人たちはどんなサービスがあれば喜ぶでしょうか。

投資家として成功するためには、いろいろなことをよく勉強して、関心を持ったことを調べ、そしてとことん考える、という習慣を身に付けることが大切です。

そして、8講、9講で詳しく述べますが、今後どのような世の中になっていくか、なって欲しいか、ということを考えながら投資していくことは、それ自体が世の中を良くすることにもつながります。世の中を良くする投資活動によって、お金も増やすことができる、投資というのは魅力的な行為だと感じませんか。

もちろん、投資にはリスクがあります。失敗してお金を減らしてしまうこともありえます。一生懸命働いて稼いで貯めたお金が減ってしまうのはつらいことだと思います。しかし、投資の正しい考え方を身に付けて、徐々に経験を積んでいけば、勝ったり負けたりしながらも、トータルでは資産を増やしていけるようになれると思います。

世の中のことをいろいろ勉強しながら、社会に役立つ投資をして、楽しみながらお金を増やしていける投資家に、ぜひなっていただきたいと思います。

「幸せの基準」を持つ

この2講ではお金との付き合い方について述べてきましたが、最後に一番大切なことを強調しておきたいと思います。それは、自分なりの「幸せの基準」を持つということです。

お金とは本来便利な道具に過ぎないのですが、お金自体に不思議な魅力があって、人はついお金に振り回されがちになってしまいます。

お金によって不幸になるのは、お金が足りない人だけではありません。お金持ちなのにお金に振り回されて不幸になる人もたくさんいます。財産が十分にあるのにもっと欲しがり無理な投資をして苦しい状況になったり、財産をめぐって醜い争いが起きたり……といった事例には事欠きません。それらは、お金が単なる道具であることを忘れて、お金自体を過剰に求めすぎることによって起こる悲劇です。

このようにお金に振り回されず、お金と良い関係を築くために、自分なりの「幸せの基準」をしっかりと持つということが大切なのです。幸せの基準というのは、自分にとって幸せとは何なのか、どうなれば自分が幸せを感じられるのか、という基準のことです。

仕事も生活も「ほどほど」が幸せなのか、家族と過ごすことが幸せなのか、趣味にいそしんでいることが幸せなのか、何かの目標に向かって励んでいる時が幸せなのか、人のために働いて喜んでもらうことが幸せなのか……など、様々な幸せがあると思います。

いずれにしても、自分にとって何が幸せなのか、ということをできるだけはっきり認識することが大切です。

何が幸せで、それを維持したり実現したりするためにどんなことをすることが必要なのか。そのためにどのくらいお金が必要なのか。このように、幸せの基準を持った上で、先ほど述べたお金の必要性の段階を考えていくことになります。

こうした基準を持たずにお金だけ追求し始めると、どんなにお金を稼いでも満足できず、常にお金ばかりを追いかけまわして、気が付いたらお金に振り回される人生になってしまいます。最悪、お金をめぐる悲劇が起きてしまいかねません。

皆さんにはぜひ自分なりの幸福の基準を持っていただき、その上でお金の良い循環を作っていただければと思います。

―N高生との対話①―
お金儲けは悪なのか

質問【利益だけを追求していいのか】

部員①：たとえば自分で投資をするときに、利益だけを目標にすることについて疑問を持っていて、何を目標に取り組むべきか考えています。何をもって突き進んで、学習に励むべきかということを教えていただきたいです。

村上：逆に質問していいですか。今回、利益が出たら自由に使っていいということになっていますが、どんなことに使おうと思っていますか？

部員①：私は海外に興味があるので、英語の学習に使いたいと思っています。

村上：とてもいいことですね。お金があるといろんなことができます。
　他にはどうでしょうか。いままで寄付したことがある人はいますか？　もしくは自分自身がボランティアとして参加した経験でも良いです。

部員②：自分は人の幸せのためにどんな行動ができるかなと、少し考えていた時期があって、そのときに見たのが台風19号（2019年）のボランティア活動でした。その活動に、父と参加してきました。ボランティア活動の中ではお金ももちろん大切なのですが、それと同じぐらい、あるいはそれよりも重要な課題として、労力が足りないということがあると知りました。僕は、自分の知った課題を将来何かに活《い》かすことができないかと考えています。

村上：ありがとうございます。今回の投資で利益が出たら、これはどうしますか？

部員②：以前図書館で、エボラ出血熱という疫病について書かれた本を読んだとき、とても興味を持ちました。その対策をしている団体などに、使ってみたいと思います。

村上：ありがとう。とても感動的です。

　どうして投資をするんだろう、どうしてお金儲けをするんだろう、と思うかもしれません。でも、やはりお金は儲けた方が良いです。これは絶対です。

お金が手元にあったら、いろんなことができます。寄付もできる。勉強もできる。遊びもできる。投資もできる。お金は消費したら無くなってしまいますよね。私は消費が悪いとはまったく思いません。それも立派な経済活動です。

ただ私自身は、これまでも私がお金を出すことで、将来の投資先の価値が10倍、１００倍になるようなことに、投資してきました。これは、私のお金が10倍、１００倍になるということではありません。私の投資が、いっきに事業などの価値を伸ばすようなことに使ってもらえるかどうかです。社会貢献でも同じです。今後もそのようなことに、お金を使ってみたいと思っています。その１つが、こうした教育なのです。

私はかつて金儲けの権化だと批判されたことがあります。そういう烙印《らくいん》を押されて、逮捕されてしまいましたが。いろいろと思うことはありますが、それはもう、仕方がない。私個人のことは置いておいて、ただ１つ、どうしても伝えたいことがあります。お金儲けは悪である、という思想はダメです。そのような思想が蔓延《まんえん》したら、この国は絶対に滅びます。

お金は道具です。いろんなことができる道具です。お金を使って、どうしたら良いのかということを考えていただきたいのです。お金を何に使うのが良いのかなということ、それを投資を通じて、考えていってください。

❓質問【会社を応援することと、利益を追求すること】

部員：私は投資することで好きな企業を応援したいという思いがあります。しかし、そのことと利益を追求するということは矛盾しないでしょうか？

たとえば、その企業が好きだし生き残って欲しいけど、業績がとても厳しくて、今後回復していく見通しも立てられず、株価も下がっていってしまうのかなと思っています。それでも応援するために投資したいなと思うのですが……。

村上：株式投資において、好きな会社を応援したいという気持ちは大事だと思います。ただし、どんなにその会社が好きでも、会社の経営状態が悪くて、今後も回復の見込みが立たないのであれば、その会社への投資はやめた方がいいです。

確かに投資はお金儲けだけのためにするわけでなく、社会的な意義があるし、好きな企業を応援したいという気持ちを込めて行う面もあります。しかし、大前提として、「投資は将来的なリターンを求めてお金を投じるもの」ということがあります。失敗すればお金が減るリスクがあるのは仕方ないことですが、最初から「お金が減る可能性が高い」、「期待値が1を下回っている」と判断して投資をするのは、原則としてはダメだと思います。

ボランティアや寄付は有意義な行為だと思いますが、それらは金銭的なリターンを求めるものではありません。金銭的リターンではないリターンがあるのです。

しかし繰り返しますが、株式投資は、原則として金銭的リターンを求めるべきものだと思います。

それでも、どうしてもその会社が大好きで株を持っていたいなら、最低限の株を保有して株主総会に出て積極的に発言したり、株主として関係を持ち続けるという考え方もあるかもしれませんね。最終的には、今述べたような原則も踏まえて、自分でよく考えたのなら、その考えに従って行動すればいいと思います。

3講

実際に投資してみる

——少額で始め、体験から学ぶ

株式投資のハードルは高くない

1講で述べたように、株式投資を行うことは、

①世の中の動きを知る

②社会の役に立つ

③お金を増やす

などのメリットがあります。

投資という行為は、そもそも経済をスムーズに循環させていくために必要なものであり、一人ひとりの投資家が世の中のために必要な企業をよく考えて投資していけば、そのこと自体がとても世の中の役に立つことになります。

そして、そのように投資の本質を理解して社会性を意識した投資を続けることで、結果

的に個人の資産を増やすことにもつながっていきます。

また、株式市場は政治や経済、あるいは身の回りの出来事なども含めて、世の中のあらゆることを反映して動きますから、投資を始めた人の多くは、自然と熱心に新聞を読むようになったり、関心を持ってニュースを見るようになったりしています。

しかも、株式市場では高校生の皆さんにも親しみのある情報によって大きな動きが起きることも多いです。１講ではスマホゲームを手掛ける会社の株価が軒並み何十倍になったという話をしましたが、ネットショッピング、ＹｏｕＴｕｂｅ、ｅスポーツ、スマホアプリ、ファッションなどに関連する分野から大きく成長する株がたくさん出ています。

こうした分野は大人よりもむしろ高校生の皆さんの方が詳しいですよね。高校生でも、高校生ならではの戦い方ができるのが株式投資の良さなのです。

現在は昔に比べて投資に対するハードルが下がっています。

ネット取引が普及する前は、最低でも何十万円も出さないとできないものでしたし、証券会社の窓口で口座を作って証券会社の人とやりとりしながら注文を出していました。そうした意味で、基本的にはお金にも時間にも余裕のある大人だけができるものでした。

しかし、今ではネット証券が全盛の時代になり、パソコンやスマホから手軽に口座開設の手続きができて、取引も簡単にできるようになりました。

株を取引する際に証券会社に支払う取引手数料も、昔は1回の取引で最低でも数千円はかかっていたのですが、今はネット証券で少額の取引なら数十円～数百円程度、場合によっては無料で取引できるというケースもあります。

しかも、取引単位が大きく引き下げられて、多くの銘柄で数万円程度から投資ができるようになっていますので、投資金額そのものもかなり手ごろなものが増えています。

このように株式投資は、今や高校生でもすぐに始められるようになっています。

失敗から学びながら成長する

しかし、初心者の方はどうしても「株式投資は怖い」という印象を持つことが多くて、実際に投資に踏み切れずに二の足を踏んでしまうようです。

確かに、株式投資はやり方によっては取り返しのつかない怖いものになります。でもこれは、株式投資が怖いのではなく、それによってお金を失うことが怖い、ということだと思います。特に信用取引といった、自分が持っている以上に投資をするような方法は、破産に追い込まれる可能性も十分にあります。

しかし、包丁を使ったり車を運転したりするのと同じように、自分の力量を知り、取ることのできるリスクをきちんと見極めて投資を行えば、この「怖さ」はある程度コントロールできます。ですから、これほどいろいろなメリットがあるのに、よくわからないままに怖いからといって、株式投資をしないというのはもったいないなと思います。

後ほど詳しく述べるように、株式投資のリスク管理のポイントの1つは適正な投資金額を心がけることですが、今はスマホのアプリで数円から投資ができたり、大企業の株を千円単位で買うことのできるような仕組みもありますから、自分のできる範囲で始めてみることができます。

もちろん、損してしまう可能性は常にありますし、数千円の損失でも痛く感じることだと思います。大切なお金を減らしてしまうというのはとても怖い経験です。失敗を受け入れること自体も大きな苦痛をもたらします。けれども、数千円であれば、それは致命的な損失ではないでしょうし、「どうして損をしてしまったのか」、「どうすれば良かったのか」というように、その原因や対策を深く考えることで、損した金額以上に有益な経験ができると思います。私としてはむしろ、初心者の場合には多少損をする経験をした方がいいと思っています。

ただ、冒頭で述べた通り、「怖さ」を忘れてはいけません。繰り返しますが、これは株式投資自体の「怖さ」のことではありません。

私の言う「怖さ」とは、お金を失う怖さだけではなく、挑戦するときの「怖さ」です。これを忘れると、投資に真摯《しんし》に向き合うことができなくなります。

投資というのは勉強して頭で理解するだけでなく、経験から学ぶことが非常に大きいと思っています。初心者のころの失敗は投資を学ぶための大事な機会です。そして経験を重ねて上達したからといって、失敗が減ることはあっても、まったく無くなるわけではありません。けれども失敗を積み重ねることで、損失が出ても、その時にどうするべきかという判断を冷静にできるようになっていきます。そうしたことを含めて、失敗しながら学んでいくという面が投資にはあるのです。

投資理由を明確にする

とはいえもちろん、やみくもに投資すればいいというわけではありません。きちんと基本的な考え方を身に付けて、投資の本質を理解しようという姿勢をもつことが大事です。そうした姿勢をもっていれば、儲かっても損をしても、一つひとつの投資がとてもよい経験として蓄積して、投資家として成長していくことができると思います。

実際に少しずつ投資経験を重ねて良い投資家になっていくためには、一つひとつの投資に関して、

①投資理由を自分なりに明確にし、

②失敗した場合にはその理由と改善点を考える

ということが必要になります。

個人投資家の方たちに「どうしてその株に投資したのですか？」と聞いても、明確に説明できる人は意外と少ないです。また、「どのように何を調べたのか」ということを聞いても、企業の決算内容さえ、きちんと調べていないケースが残念ながらとても多いのです。投資するときには「誰かにすすめられたから買う」とか、「なんとなく良さそうだから買う」というのではなくて、自分できちんと調べて、考えて、できればＩＲ担当部署に問い合わせをして、理由をきちんと述べられるような状態にしてから投資するといいでしょ

う。理由をきちんと述べられること自体が大事なのではなく、自分で自信を持って投資ができるまで、調べて考えた、ということが大事なのです。

もちろん、どんなによく調べてよく考えても、失敗することもあります。私自身、人一倍どころか10倍も100倍も調べて考えて買っているわけですが、それでも失敗することはあります。

投資で勝率100%というのは無理です。しかし、トータルでプラスになればいいわけですから、一つひとつの投資案件の勝ち負けはそんなに気にする必要はありません。

失敗した投資案件は「貴重な学びの機会」ととらえるべきです。その際、投資する段階で理由がきちんとしていないと反省しようがありませんし、良い学びができなくなります。ですから、まずは投資する時に理由をはっきりさせるようにしましょう。そして、失敗した場合にはその理由のどこが間違っていたのかを検討してみましょう。

たとえば、「売上が思ったほど伸びなかった」、「予想外のライバルが出てきた」、「買った株価水準が高すぎた」など、様々な失敗理由が考えられると思います。あるいは、投資理由は悪くなかったけど、投資タイミングや投資金額が間違っていたために損切りせざるを得ない状況に追い込まれた、というケースもあります。

ものすごく自信があるために、投資資金のすべてを1社に投資したとします。その時に、暴落に巻き込まれてしまい、焦って損切りしたら、その後株価は大きく上昇した、というケースを考えてみましょう。

この場合、投資理由は良くて、株価は結局大きく上昇していったわけです。しかし、投資金額が大きすぎたために、一時的な株の上下動に精神的に耐えられなくなり損切りすることになってしまいました。

株価というのは、短期的にはいろいろ想定外のことも起きますので、そうした動きがあっても耐えられるような投資金額にする必要があります。

どのくらいの投資金額ならば株価のアップダウンに精神的に耐えて保有し続けられるのかは、各自の資産状況や投資経験、性格にもよります。ある程度含み損が膨らんでもおおらかに構えられる人もいるでしょうし、少しでも含み損が出ると不安でたまらなくなる人もいるでしょう。投資経験が浅くて性格的にも神経質な人は、少し含み損が出ただけでも不安でたまらなくなるかもしれません。こうした場合には、投資金額を極力少なくしていくべきでしょう。

どのくらいの金額を投資して、どういう値動きの時にどのような気持ちになるか、ということも、実際に経験を積む過程で、自分で探っていくことです。こうした意味でも、やはり少額から投資を体験してみることは重要だと思います。

それでは、投資の理由づけ――どのように考えて投資を行うべきなのか、投資の根拠をどういう数字で判断すればいいのか、ということについては、これからの講で紹介していきます。

N高生との対話②

何を判断して投資をすればいいのか

❓質問【勘で行う投資について】

部員：村上さんは、勘で株を買うことはありますか？

村上：勘だけで株を買うということはありません。その会社の資産や事業内容をきちんと調べて、よく検討して株を買います。もちろん、経験を重ねていく中で勘が養われることはあると思いますし、それも投資判断の重要な要素の1つになるのかもしれません。

しかし、きちんと調べて、自分なりによく考えて、投資理由を合理的に説明ができるようにしてから投資するということが大前提です。勘だけを頼りに投資しても、仮に失敗したときに得られるものがありません。

❓質問【チャートを使った投資について】

部員：株価チャートだけで判断して投資するというのはダメなのでしょうか？

村上：株価チャートだけを見て投資するのがダメだとはいえません。それで上手くいっている人もいるかもしれませんし、チャートを見て投資をする才能があって、それが楽しいという人もいるでしょう。どのような投資をするかは自由ですから、そういう投資をダメだというつもりはありません。

ただ、私が投資部の授業をやらせていただいているのは、投資の本質を知ってもらいたいということと、投資を通じて経済や世の中のことを知ったり、考えたりして欲しいという思いからです。

ですから、チャートはチャートで見ていただいていいのですが、投資の本質的な部分や、ファンダメンタルズ（様々な指標や、業績などの数字）にも関心を持ってくれたらうれしいなと思います。また、多くの人にとっては、長い目で見たとき、その方が投資で成功しやすいのではないかなと思っています。

❓質問【デイトレードについて】

部員：デイトレードについては、村上さんはどう思いますか？

村上：私はおすすめしませんが、デイトレードを否定するつもりはありませんし、どんな取引をしようと自由です。

ただ、デイトレードはゼロサムゲームに近い性質の取引です。短期間で売買を繰り返すので手数料もかさみ、それを考えるとマイナスサムゲームと考えた方がいいかもしれません。プロやセミプロ、最近ではＡＩとの戦いになり、普通の個人投資家が軽い気持ちで取り組んでも安定して収益を得るのはなかなか難しいのではないでしょうか。

やはり、中長期的な視点に立って、ファンダメンタルズをきちんと分析して、割高・割安といったバリュー的な判断に基づいて行う投資の方が、株式投資本来のプラスサムゲームの良さを享受できると思います。

❓質問【投資判断で一番重視するポイント】

部員：村上さんが、投資判断をする時に一番重要視していることって何ですか？

村上：私が投資判断で一番重視しているのは、企業の資産です。会社四季報では、自己資本比率が高くて有利子負債が少ないものに注目します。現金、預金、有価証券、不動産などをたくさん持っていて、一方で銀行借入などの負債が少ない、要するに資本効率の悪い会社です。そして、借金を全部返した後に残る資産が、時価総額を上回っているような企業を投資対象として検討することが多いです。

保有する資産の内容が良いのに、それが有効に活かされていない＝利益を生み出していないと、株式市場では低い評価となって株価が低迷して、時価総額が小さくなります。

そういう会社が資本効率を意識し始めて資産を有効活用し始めると、株価が大きく上昇する可能性があります。私が株を買う場合には、ただ株を買って待っているだけでなく、会社にいろいろ提案をして、そのような方向に向かうように促します。

ということで、私が投資で一番重視しているのは企業の資産ですね。

❓質問【長期投資について】

部員：長期的に成長しそうな株をずっと持ち続ける、というような長期投資をしてみたいのですが、どうでしょうか？　企業理念とか経営者のビジョンに共感できる会社に長期投資してみたいと思っています。

村上：そういう長期投資の考え方というのはすごく良いと思います。

長期的に成長していく会社の条件は、経営者がしっかりとした将来のビジョンを持っていて、しかも、ものすごくエネルギーがある、ということです。私の知っている経営者で、会社の業績と株価を何十倍にもしてきた人は皆、将来のビジョンとものすごいエネルギーを持っていました。

たとえば、20年以上も前の話ですが、私が官僚だった時に、ユニクロを運営するファーストリテイリングの社長の柳井《やない》さんが、山口からわざわざいらっしゃって相談を受けたことがあります。そのときにすごくビジョンがある経営者だなと感心しました。

そのときのファーストリテイリングは、まだ時価総額100億円程度の、上場企業としてはまだ小さい会社だったのですが、今ではそれが数兆円という会社になっています。何百倍という成長ぶりです。そういう会社を見つけて投資ができたら、それは投資家としては幸せだろうなと思います。

4講

投資成功の決め手「期待値」

——リスクとリターンを天秤にかける

「リターン＞リスク」という投資チャンスを探す

この4講では投資で成功するために一番大切な考え方である「期待値」について説明します。期待値というのは、リターンとリスクの両方を考慮に入れて投資の有利さをはかる考え方です。

投資はリターンを求めて行うものですが、必ずリスクも伴います。

投資の世界ではよく「ハイリスク・ハイリターン」という言葉が使われます。高いリターンを求めるには高いリスクを取らないといけない、という意味です。

それに対して、低いリスクしか取りたくないなら低いリターンしか狙えないと考えられ、そのことを「ローリスク・ローリターン」といいます。その中間の「ミドルリスク・ミドルリターン」という考え方もあります。

基本的には高いリターンを求めるほど高いリスクを伴うことになるし、低いリスクを求めるほど低いリターンを受け入れざるを得ない、ということになります。

しかし、これはあくまでも原則論であって、たくさんの投資案件を熱心に探していくと、「ミドルリスクなのにハイリターンが狙えそうだ」とか、「ローリスクなのにミドルリターンが狙えそうだ」という案件や、場合によっては「ローリスクなのにハイリターンが狙えそうだ」というようなケースが見つかることがあります。

このように、この世の中の投資案件はすべてが教科書通りにリスクとリターンが釣り合っているものばかりではありません。リターン＞リスクと考えられるような案件は、実はたくさんあります。そうしたものが有望な投資対象なのです。

そうした「リターン＞リスク」の案件を見つけるためには、世の中の様々な出来事に関心を持ち、新聞やニュースなどもチェックしながら、いろいろな人の話を聞いて、自分の頭でもいろいろ考えて投資案件を探す習慣をつけることが大切です。

会社四季報でいろいろな銘柄を見てみる

投資先の銘柄を探す手がかりとしては、まずは会社四季報をチェックすることが挙げられます。

会社四季報というのは、全上場企業のデータや近況がコンパクトに掲載されている電話帳のような冊子で、東洋経済新報社から3ヵ月ごとに発売されます。

私は子どものころから会社四季報を愛読して、いろいろな銘柄を見つけてきました。上場企業にはどんな会社があるのかを知るためにも、一度会社四季報をざっと見てみるといいと思います（会社四季報の見方については106ページを参照）。

たとえば、私が好んで投資対象としている銘柄は、業績が安定していて、有利子負債が少なくて現預金をたくさん持っているのに、地味な業種だったり、株主還元を行っていないなどの理由で不人気なために、長い間株価の低迷が続いているような会社です。こういう会社はお金をむやみに貯め込んでしまっているようなことが多いのです。

そして業績が安定していて現預金をたくさん持っているのに株価が低迷しているという

ことは、株価が下がる余地が小さいと考えられます。逆に、ひとたび経営方針を変えて資金を有効活用し始めると、株価が大きく上昇する可能性もあります。

このように、下がる余地が少なくて、上昇する余地が大きいということは、「ローリスク・ハイリターン」だといえるのです。

私は会社四季報を見ることで、有望な投資案件を探すきっかけにしてきました。皆さんにも、会社四季報で銘柄探しをしてみることをおすすめしたいと思います。

投資判断の切り札「期待値」

リスクとリターンの関係から考えてどのくらい有利な投資案件なのかを考える際に、私は「期待値」という考え方を使っています。期待値とはいくつかのシナリオを考えて、それぞれの確率とリターンから求めるものです。

たとえば、

2倍になる確率が0・5

2割減（0・8倍）になる確率が0・5

だとすると、
期待値＝2×0・5＋0・8×0・5＝1・4
となります。
期待値が1以下ということになると、これは投資する価値がないということになりますし、期待値が大きくなればなるほど有望な投資対象ということになります。
少し極端な例を出すと、
10倍になる確率が0・2
0になる確率が0・8
というような場合、期待値＝10×0・2＋0×0・8＝2となります。
この場合は8割の確率で投資元本がゼロになってしまうので、この数字を見ただけで敬遠する人も多いでしょう。でも、私にとって期待値が2というのは、投資を検討するに十分値する案件となります。そして投資をした場合には、このゼロになってしまう可能性を、いかに減らせるかを考えます。
このような極端な投資案件は、たとえばベンチャー企業への投資が当てはまります。ベンチャー企業は失敗してしまう可能性も高いのですが、成功した場合には大きなリターンが得られます。こうした案件に何件も投資していけば、ほとんどの投資で失敗したとしても、中に1つとんでもない成長をする企業があれば、トータルでみたら大きなリターンを生み出すことができるのです。これがベンチャーキャピタリストと呼ばれる、ベンチャー企業への投資を専門とする人たちの戦略です。

また、1講で述べたように、競馬や競輪などの公営ギャンブルは主催者が開催のための費用を25％ほど徴収するので、期待値は0・75ということになります。宝くじはもっと低くて0・5以下です。それに対して株は、平均して1を超える期待値なのです。

「期待値」を求める手順

期待値を求める手順について、もう少し詳しく説明しましょう。

まず、今から株に投資しようとしている会社について、いくつかの将来的なシナリオを考えます。上手くいくケースと失敗するケースの2つを考えてみましょう。

上手くいった場合と失敗した場合で、株価はどのくらいになるのかというのを、基本的には業績見通しや資産・負債の内容から考えていきます。業績が大きく伸びそうだとか、

資産内容に比べて株価が割安になっている状態が将来的に改善されそうだという場合に、どの程度株価が上昇するか、ということを考えます。

業績見通しや資産価値から考えて、たとえば、上手くいった場合のリターンが2、失敗した場合のリターンが0・5と仮定しましょう。あとは、各ケースの実現確率を考えます。各ケースの実現確率については、その会社の技術やノウハウ、戦略、業界の状況など様々な条件を調べて考えた上で、そうした条件を総合的に判断して、その可能性がどのくらいなのか、かなり大きい、大きい、どちらかというと大きい、半々、どちらかというと小さい、小さい、かなり小さい……というように、まずは感覚的に考えてみます。そして、だいたいどのくらいの確率に相当するのか、数値にしてみます。

たとえば、

かなり大きい　85％

大きい　75％

どちらかというと大きい　60％

半々　50％

どちらかというと小さい　40％

小さい　25%
かなり小さい　15%

というようにだいたいの数字に置き換えて考えてみましょう。

シナリオ実現の正確な確率を求めることは不可能ですが、だいたいどのくらいの確率なのか、おおざっぱでも良いので、考えてみることが大切です。

そして、上手くいくシナリオのケースのリターンが2で実現確率が0・5、上手くいかないシナリオのケースのリターンが0・5で実現確率が0・5だとすると、この投資の期待値は、

2×0・5＋0・5×0・5＝1・25

と計算できることになります。

上手くいくシナリオが実現した場合にどのくらいの株価になることが期待できるのかは、その会社の業績見通しや資産・負債の内容などによって検討できます。これらについては、5講で考えてみたいと思います。

N高生との対話③

どういう情報から期待値を判断するか

❓質問【本当に役立つ投資情報の入手法】

部員：今は本当にたくさんの情報があふれかえっています。そうした中で、本当に必要な情報をどう見分ければいいのか、また、本当に役立つ情報をどう収集すればいいのでしょうか？

村上：まずは会社が出しているIR情報を見て、あとは、自分でIR担当部署に電話をしてみたり、可能ならば会社や工場を見学して、その場でできるだけ話を聞いてみたり、不動産をたくさん持っているならそれを見に行ってみたり……というように、可能な範囲で、自分で情報を取りに行く姿勢が大事だと思います。

IRイベントや株主総会にもできるだけ出てみて、社長の話を直接聞いてみたり、質問してみるのもいいと思います。

社長やIR担当者の話しぶり、受け答えの仕方などから、「今この会社は本当に調子がいいんだな」とか「ちょっと厳しそうだな」というように、その会社の状態がうかがえることがあると思います。それから、社長が会社の将来をどのように考えているのか、どのくらい真剣に考えているのか、ということもうかがい知れると思います。

❓質問【ニュースによる投資判断】

部員：2019年に吉野《よしの》彰《あきら》さんが、リチウムイオン二次電池の研究によって、ノーベル賞を受賞しました。その関連として人気化するかなと思い、リチウムイオン二次電池を作っている会社の株を買いました。この投資についてはどう思いますか？

村上：日本人がノーベル賞を取ると大きなニュースになりますし、それに関連した会社の株価が人気になるということはあるかもしれません。でも、投資家として考えないといけないのは、「そのことによって、今後その会社の業績が押し上げられるのか」という点です。

ノーベル賞というのは、基本的に過去の業績に贈られるもので、その会社の今後の業績とはあまり関係ないことが多いと思います。

リチウムイオン二次電池については、すでに何十年も前に実用化されて、今ではかなり普及しているので、特に新しい技術ということではありません。むしろ、リチウムイオン二次電池よりさらに新しい方式の電池の開発競争が起きており、今後はそうしたものが主流になっていく可能性もあります。

私も詳しくはありませんが、大切なポイントはあくまでも「ノーベル賞受賞によって、その会社の収益力や企業価値が増すのか」ということです。もしそうでないなら、このニュースに刺激されて起きた株価上昇はあまり本質的なものとはいえず、短期的な動きで終わってしまう可能性が高いのではないでしょうか。

質問【成長分野の投資判断】

部員：自分はeスポーツにすごく興味があって調べています。今、eスポーツの市場が急速に伸びていて、KADOKAWA Game Linkageによると、その市場規模は2018年には前年比13倍の48億円になって、さらに2023年には153億円になるとの予想となっています。大変な成長市場だと思うのですが、この分野への投資についてどう思いますか？

村上：今すごく成長している分野ですし、これからも成長が期待できる分野なのだろうなと思います。ただ、私自身はあまり得意な分野ではなく、詳しくもありません。

あなたがこの分野が好きで詳しいなら、投資を考えてもいいかもしれませんね。ただ、eスポーツが有望な分野であることは割と周知されているので、関連した銘柄はすでにある程度高い株価になっているのではないでしょうか。たとえば、PER30倍とか50倍などということになると、市場平均の2倍とか3倍の水準になっているということになります（PERについては103ページを参照）。それだけすでに期待が高まり、高い成長が株価に織り込まれているということですから、会社がそれをさらに上回るような成長をしないと、思うようなリターンが得られないかもしれません。

それから、新しく生まれた成長分野では、たくさんの会社が参入してきて、生き残るのはその一部になることが多いです。どの会社が生き残って、その分野の成長を享受できるか、それを見極めることが重要になります。

新しい成長分野への投資は少し難易度が高いかもしれませんが、好きな分野について研究して投資するというのは楽しくて勉強にもなるでしょうから、注意点を踏まえつつ取り組んでみるといいと思いますよ。

❓質問【現金保有が多い会社がいいか、資本効率の良い会社がいいか】

部員：「良い会社というのは、現金を不必要に持たずに資本効率が良い会社だ」と村上さんはおっしゃいますが、やはり現金をたくさん持っている会社の方が投資対象として魅力的な気がします。村上さん自身も現金を不必要にたくさん持っている会社を見つけては投資されています。私たち一般の個人投資家は、現金をたくさん持っている会社に投資したらいいのでしょうか。それとも、やはり現金は不必要に持たない資本効率の良い会社の方がいいのでしょうか。

村上：私の行っている投資というのは、現金・預金をたくさん持っているけど、それを有効活用できていない会社の株を買って、経営陣と直接話をしたりしながら、資本効率を向上させて株価を上昇させるような働きかけをしていくという戦略の投資です。これは一般の個人投資家には、なかなか真似しづらいことだと思います。

現金・預金をたくさん持っていて、業績も安定していて、PBR（97ページ参照）で見ても割安、ＰＥＲで見ても割安という株であれば、株価が大きく下がってしまうというリスクはそんなに大きくないとは思います。そして、そういう会社はいつか現金・預金を有効活用して資本効率の改善に乗り出せば、株価は大きくなる可能性が高いです。それがいつになるかはわかりませんが、株を保有しながら気長に待つというのも１つの戦略かもしれません。

ただし、現金や預金はたくさん持っていてＰＢＲも割安であっても、本業に不安があるという場合には、リスクも大きくなります。資本効率の改善を待っているあいだに本業の状態がどんどん悪くなり、赤字体質になってしまえば、蓄えていた現金や預金も食いつぶしてしまいます。そうなると株価は安くなってしまう可能性があります。

その点、現金・預金は不必要に持たず、常に資本効率の改善に余念がない優良企業は、本業の不振によって株価が下がるリスクは少ないかもしれませんし、長期的に見て株価が右肩上がりの動きになる可能性もあると思います。

しかし、いくら資本効率の良い優良企業だからといって、株価がものすごく上がってしまい、ＰＥＲがかなり高いときに買ってしまっては、その後のパフォーマンスが悪くなります。場合によっては、株価下落に巻き込まれる可能性もあります。

大事なことは、資本効率の良い優良企業であろうと、割高になった株は買わず、十分に割安になったと判断できるところで買うことです。

5講

「価値」と「価格」の見極め方

——価値と価格を意識し、そのズレを利用する

物の値段を決めるのは需要と供給

投資を行う上で価値と価格の見極め方はとても大事です。これは「期待値」を考える前提にもなります。

まず、私の大好きなサンマの話からしたいと思います。

私はサンマが本当に好きで、日本に帰国する度に必ず食べます。9月（2019年）に帰国した時にもサンマを食べましたが、あまり脂がのっていない痩《や》せ細ったサンマが1尾500円くらいしました。

ところが今回帰国（2019年11月）して食べたサンマは脂がのっていてとても美味しくて、1尾150円くらいでした。

サンマの値段はどうしてこんなに違うのでしょうか。分かる人いますか？

そうです、9月にはサンマはほとんど獲《と》れなかったけど、11月にはサンマがものすごく獲れるようになった、ということですね。

9月といえば本来は美味しいサンマがたくさん獲れる時期なんですけど、今年はものすごく不漁だった。出回るサンマがものすごく少なかったので、あまり美味しくない上に値段が上がってしまった。

ところが、11月になると美味しいサンマがたくさん獲れるようになって、それで値段が下がりました。

このように、価格というのは需要と供給の関係で決まります。つまり、それを求める人がたくさんいるのに供給が少なければ価格は上がるし、たくさん供給されているのにそれを求める人が少なければ価格は下がります。

世の中の様々なモノの値段は、ほとんどがこの需要と供給の原理で決まっています。

「価格」が「価値」を大きく下回った時に買う

ここで注意していただきたいのは、価格と価値は違うということです。

一般的には、価値が高ければ価格も高くなりますし、価値が低ければ価格も低くなります。そうしたことから、高価なものというだけで価値があるものなのかな、と思ってしまいがちになります。

しかし、価値と価格は等しくない。ときには大きく乖離《かいり》してしまうこともあります。これを見極めることがとても大事です。また、このときに投資の大きなチャンスも生まれます。

そんなに価値が高くないのにものすごい高値がついてしまう状態を割高といい、その乖離がひどいとバブルになります。

１９８９年とか１９９０年前後のいわゆるバブル時代には、株や不動産などの資産価格がバブル化しました。実際の価値の何倍もの値段がついてしまったのです。

どうしてそういうことになったかといえば、株や土地を欲しいという人が殺到して、需要が供給を大きく上回ったからです。当時は景気拡大が続く中で地価や株価の上昇が続き、不動産価格は上がり続けるもの、株価は上がり続けるもの、というような「土地神話」や「株神話」ができてしまいました。そして、日本銀行の金融緩和による金余り現象もあいまって、株や土地に投資マネーが殺到しました。

このように、何らかの理由で株にお金が殺到してしまい、株価が実際の価値よりもはるかに高くなってしまう現象が時々起こります。２０００年ごろに起きたＩＴバブルもそのような現象でした。

バブルの時に株や土地を買っている人たちは、株や土地の価値を考えて買っているのではなく、どんどん価格が上がる様子を見て、「もっと上がるのではないか」という思惑で買っています。こうした買いが殺到することで、本来の価値とはかけ離れた値段がついてしまうのです。

しかし、こうしたバブルは長続きするわけがなく、やがてはじけて、適正な価格まで落ちていきます。それどころか、バブルの反動で適正価格を大きく下回ることもあります。

バブル経済崩壊後やＩＴバブル崩壊後、さらにはリーマンショックのような金融危機の時には、地価や株価が本来の価値よりも大きく下がる、という状況が起こります。このような時こそ投資家にとっては大きなチャンスです。私が株や不動産を買うのはこういう時です。

そうです、投資で成功するためのコツは、「本来の価値に比べて価格が大きく割安になっ

ているときに買う」ということなのです。

逆にバブルの状況の時には、どんなに儲《もう》かりそうな雰囲気になっても手を出さないことが大事です。バブルの雰囲気に煽《あお》られそうになったら、今一度冷静になって、「その株の本当の価値はどのくらいか。その値段は割安でお買い得なのか」ということを考えてみましょう。

価値と価格の感覚を養う

実は今述べていることは何も特殊なことを言っているわけではなくて、普段の買い物にも通じることとです。買い物上手な人というのは、物の価値がよく分かっていて、その価値に対して価格が適正、もしくは割安な時に買っているわけです。

投資で成功するためにも、買い物上手になるためにも、物の価値や価格の感覚を養うことが大切です。たとえば買い物上手な主婦の人というのは、毎日のようにスーパーマーケットに行ってよく物の値段を見たり、チラシで各店の価格を比べたりと、とにかくよく観察して研究しています。

物の価値を考えることはすごく大事なことなので、皆さんも普段から「これはどのくらいの価値なんだろう」とか、「どうしてこういう値段がついているんだろう」というように考えるくせをつけてみてください。

私自身は、小さいころから百貨店の値札にすごく興味をもっている子どもでした。物を買うということにはほとんど興味がなかったのですが、値札を見ては、「どうしてこういう値段なんだろう」と考えることがとても好きでした。物の値段そのものにすごく興味があったのです。今考えると、こうしたことが物の値段や価値に対する感覚を養うことに役立ったのだと思いますし、投資家として良いトレーニングになっていたのだと思います。

また、私には4人の子どもがいるのですが、家族で外食に行った時に彼らと一緒に「食事代当てゲーム」というのをいつもやっています。これは会計の前に食事代が合計いくらになったかを一人ひとりが予想して、一番近い予想金額の人が賞金を貰《もら》えるというゲームです。

まずは、お店に入った時にメニューを一通り見て、できるだけ各メニューの金額を覚えるようにします。そして、会計前にじゃんけんで順番を決めて、一人ずつ予想金額を言います。その際、先に予想を言った人の金額と500円以上離さなければいけないというルールがあります。

このゲームで勝つにはできるだけメニューの金額を覚えることが役立つわけですが、とてもすべてのメニューの金額を正確に覚えることはできません。そこで、一つひとつのメニューについて「どうしてこれはこういう金額なのか」と考えるくせをつけます。そうすることで、「この料理はだいたいこの金額だな」という感覚が養われます。値段を覚えるというよりも値段について考えて感覚を養うことが大事なのです。

これは家族で楽しむためのゲームではありますが、価格と価値の感覚を養うのに、とても役立つゲームだと思っています。このように、いろいろ工夫して、ゲーム感覚で価格に対する感覚を養うのも1つの手だと思います。

PBR1倍未満の銘柄に目をつける

株式投資で成功するためにも、普段からいろいろな会社に関心を持って、どうしてこういう株価なのか、本来は会社にどのくらいの価値があるのか、ということを考えることが大切です。会社四季報などを見ると、事業内容、業績、資産や負債の状況などが出ています。ざっと見て関心を持った会社について、それらの条件から会社の株の価値を考えてみましょう。

株の価値と価格を比べて割安かどうかを考えるための最も基本的な指標として、PBRとPERがあります。この2つの指標については使い方を身に付けましょう。

まずPBRについてですが、これは株価が1株純資産の何倍であるかという倍率であり、「株価÷1株純資産」で計算できます。

純資産というのは、総資産から負債を引いたものであり、その会社の正味の資産のことです。会社四季報を見ると自己資本という金額が出ていますが、これがほぼ純資産に相当するものです。どちらもその会社の正味の資産を表すもので、ほとんど同じものだと考えてください。純資産≒自己資本です。この純資産の金額を発行済み株式数で割って1株当たりの純資産を計算したものが1株純資産です。

私はこのPBRが1倍未満の銘柄に注目して投資対象を探すことが多いです。なにしろ、純資産よりも安い値段で株が買えるわけですから、その時点では、割安な投資対象と言えます。

株価が安くなっている理由を考える

しかし、割安だからといってすぐに飛びついてはいけません。その前に、「何で割安になっているんだろう」と、その理由を考えてみる必要があります。安いのには安いなりの理由があるかもしれません。

スーパーや百貨店で定価の半額で売っている物があるからと言って、それだけでその商品に飛びついて買うわけではないですよね。たとえば、定価1万円のカバンが5千円にディスカウントされて売っているとします。この場合、どうして定価の半額にしているのか、そもそも自分にとってそれは5千円を出して買う価値があるのか、ということを考える必要があります。

誰も見向きもしないようなカバンであり、自分にとっても5千円の価値を感じないようなカバンであれば、いくら価格がお得に見えても、買うべきではありません。しかし、品質的に明らかに5千円を大きく上回る価値があり、デザインもよく、ちょうど自分が欲しかったようなカバンがたまたま売れ残ってディスカウントされていたなら、とてもお買い得ということになります。

株を買う時にもそれと全く同じように考える必要があります。

たとえば、1株純資産が1000円なのに株価が500円だったらどうでしょうか。**PBRが0・5倍というのはかなり割安に見えますが、どうしてそんなに安い株価で放置されているのか、そのことをよく考えてみる必要があります。**

何か経営上の深刻な問題を抱えているのかもしれませんし、資産の内容があまりよくないのかもしれません。特に深刻な問題を抱えていることもなく、資産内容も優良で、景気が良くなれば株価が上がりそうだとか、今後遊休資産の活用など企業価値を高めるような経営をしてくれたら株価が上がりそうだとか、そういう状況であるならばその株は買う価値がありそうです。私自身は、その問題が経営陣にありそうなら、物言う株主として、自ら率先して動き、会社の資産効率を改善し、株価を高めるという方法をとってきました。今の皆さんが真似できる行為ではありませんが、会社の問題点や改善点を考えるというのも、企業の価値を考える上では非常に大事な行為です。

資産内容をチェックする

資産内容については、会社四季報で簡単にチェックして関心を持ったら、有価証券報告書や決算短信の貸借対照表（バランスシート）で詳しく確認するといいでしょう。

会社四季報での資産内容のチェックの仕方については、自己資本の他に自己資本比率、有利子負債、利益剰余金、現金同等物などの項目に注目してみましょう（会社四季報の見方については106ページを参照）。会社四季報に記載されている財務データによって、その会社の大まかな資産内容がわかります。

私としては、

・自己資本比率が70%、80%と高くて、
・有利子負債がゼロかゼロ近くで、
・利益剰余金が自己資本のほとんどを占めていて、
・現預金や有価証券など、現金同等物がとても多い

・あるいは立地のよい遊休不動産をたくさん所有している
というような会社で、さらに、
・売上や利益などの業績も比較的安定している
というような会社に注目します。

こういう会社は一般的には「財務体質が良い会社」と呼ばれます。しかし、私から言わせると、不必要にお金を貯め込んだ会社であり、改善余地の大きい会社です。

要するにこうした会社は、収益力も安定してお金もたくさん稼いでいるのに、そのお金を株主にも十分還元せず、成長のための投資にも使わず、ただ貯め込んでいるのです。このような会社は成長が期待できず、リターンが見込めないので、投資家からそっぽを向かれて、株価が低迷していることが多いのです。

世界中の投資家が注目するROE

お金を効率的に使っているかどうか、つまり資本効率が良いかどうかはROEという指標で見ます。

ROEは自己資本利益率といって、「純利益（税引き後利益）÷自己資本」で計算されます。お金を貯め込むと自己資本が膨らみます。貯め込んだお金は利益を生み出さないので、ROEは低い数字になります。

このROEは世界中の投資家が注目している指標であり、高ければ資本効率の良い会社として投資資金が向かいやすくなります。

日本の上場企業の平均的なROEは、リーマンショックで一時落ち込んだところから、この10年間で4％程度から10％近くまで上がってきましたが、欧米の平均的なROEは15％程度ですし、欧米で優良企業と言われるところは30％以上のところも多いので、日本の上場企業の資本効率はまだまだ悪いということがいえます。これが、日本株が世界的に見て低調なままであることの大きな理由といえますし、私が改善したいと思っているポイントでもあります。

お金をたくさん持っているのに株価が低迷している会社というのは、ほとんどのケースでROEが低く資本効率が悪い会社です。

しかし、お金を貯め込んで資本効率が悪くて株価が低迷している会社というのは、貯め込んでいるお金を有効活用しさえすれば株価が大きく上がる可能性を秘めていますので、投資対象としては有望だと思います。もちろん、それ以外にも、株主構成や資産内容など、様々なことが関係しますので、単純に今資本効率が悪いからといって必ずしも将来的に株価が上がるわけではありません。

でも、私はそういった会社の資本効率を良くすることが、日本経済を良くするための課題だと思っています。したがって、そうした会社を見つけては投資をし、大株主として経営陣に直接提案しながら経営の改善を求めるという活動をしてきました。結果的に、私が手掛けた会社の多くは配当や自己株取得、またはＭＢＯ（経営陣による株の買取り）を通じて株主に資金を還元し、好循環を作ることができました。

業績から割安さを見る「ＰＥＲ」

業績から株価の割安さを見る指標としてはＰＥＲを覚えておきましょう。

ＰＥＲは株価が１株益の何倍であるかという倍率であり、「株価÷１株益」で計算できます。税引き後の利益は会社が稼いだ利益から、税金も支払って最終的に会社の手元に残る利益のことで、純利益ともいいます。この純利益を発行済み株式数で割って１株当たりの純利益を計算したものが1株益です。

株式市場の平均PERは経済状況や相場状況によっても違いますが、だいたい10倍～20倍程度の範囲で推移しており、15倍前後を平均的な水準と考えていいのではないかと思います。ですから、PERが7倍とか8倍のように低ければ割安なのではないかと考えられます。

しかし、こうした場合にも、「どうしてこんな低PER水準に株価が置かれているのか」ということを考えることが必要です。

PERが低い場合には低いなりの、高い場合には高いなりの理由があると思います。そうしたことを自分なりによく調べて、検討した上で、その株が本当にお買い得なのかを考えるべきです。

PERは、一般的に次の決算の当期利益の予想を使って計算されていますから、少し先の業績が反映された数値になっています。もっと先の将来に、業績が大きく落ち込みそうだとあなたが思うなら、PERが今どんなに低くても「買い」とは判断できません。逆に、PERが30倍と平均的な水準の2倍程度であっても、いつか利益が10倍になると思うなら、「買い」かもしれません。

でも、気を付けなければならないのは、多くの人がその会社の将来について同じ予想を立てていた場合、その期待はすでに現在の株価に反映されている可能性が高いということです。

このように、いずれのケースでも、将来的な材料が株価に反映されていることを「織り込み済み」といいます。

大きく成長しそうな企業を見つけた場合、それは有望な投資対象になる可能性はありますが、すでに人気となって、かなり高いＰＥＲになっている場合には、少し慎重になった方がいいかもしれません。成長株に取り組む場合には、人気過熱になっていないかどうか、将来性が織り込み済みではないか、そうしたことをよく考えることが大切なのです。

ゼロからわかる会社四季報

会社四季報は全上場企業の財務データや近況などが掲載されている冊子で、3月、6月、9月、12月と年に4回発売されている。「株の最新カタログ」ともいえるような情報誌で、上場企業をざっと見渡して銘柄を探すのにとても便利な一冊だ。ここでは簡単に、四季報の使い方を紹介する。

①会社概要と近況を見る　～最新記事から業績変化の兆しを探ろう～

図1はKADOKAWAに関する2020年2集（2020年3月発売）の記事です。これをサンプルとしながら、会社四季報による銘柄のチェック法を説明します。図1では説明のために重要な箇所を太線で囲い、①～④と番号を振りました。

まず、ブロック①の部分で、会社の概要や近況を見てみましょう。

図1　KADOKAWA（会社四季報　2020年2集）

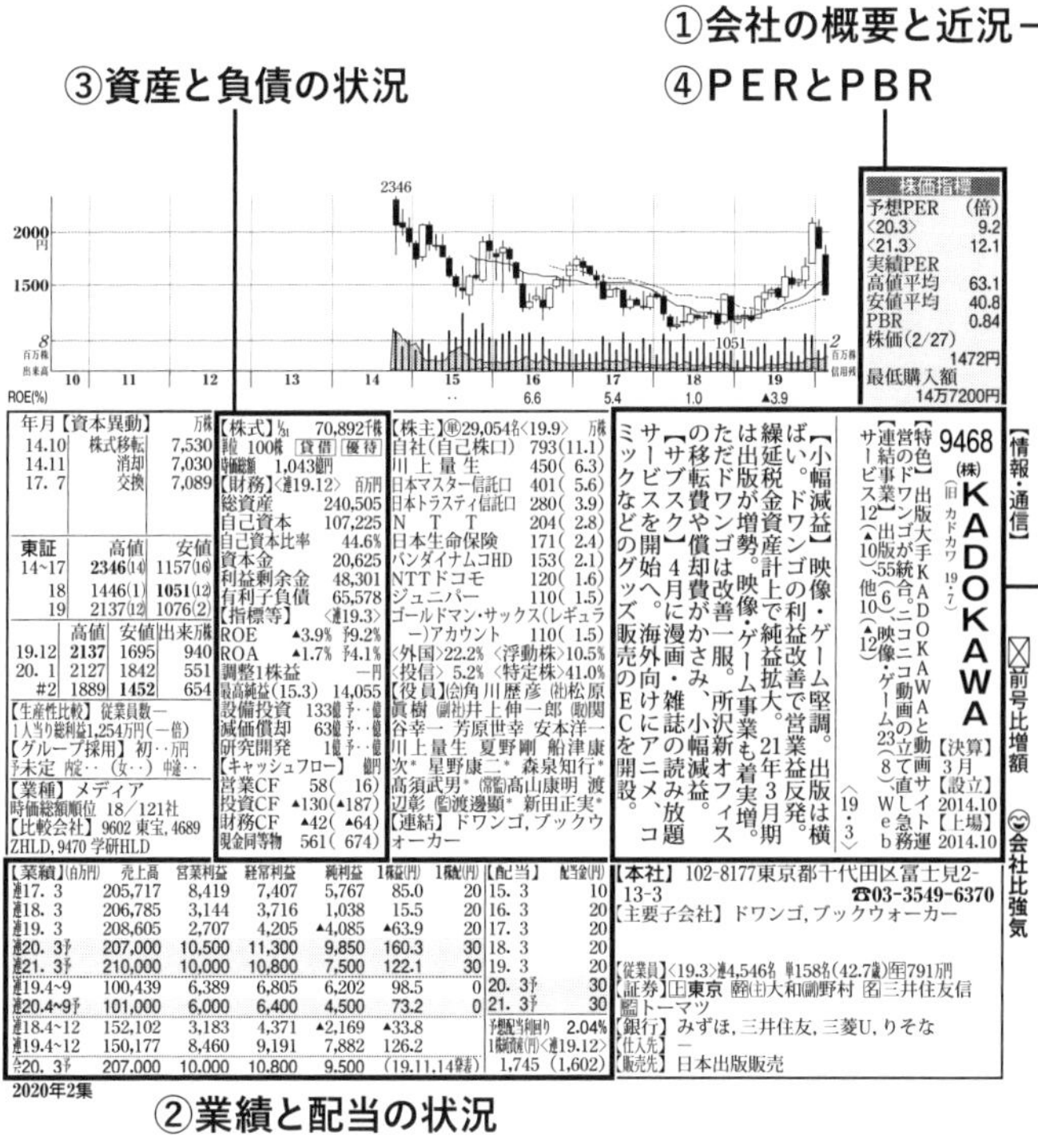

【株価指標】
予想PER（倍）〈20.3〉9.2 〈21.3〉12.1
実績PER 高値平均 63.1 安値平均 40.8
PBR 0.84
株価(2/27) 1472円
最低購入額 14万7200円

9468 (株)KADOKAWA （旧カドカワ 19・7）
【決算】3月【設立】2014.10【上場】2014.10

【特色】出版大手KADOKAWAと動画サイト運営のドワンゴが統合。ニコニコ動画の立て直し急務
【連結事業】出版55(6)、映像・ゲーム23(8)、Webサービス12(▲10)、他10(▲12)〈19・3〉

【小幅減益】映像・ゲーム堅調。出版は横ばい。ドワンゴの利益改善で営業益反発。繰延税金資産計上で純益拡大。21年3月期は出版が増勢。映像・ゲーム事業も着実増。ただドワンゴは改善一服。所沢新オフィスの移転費や償却費がかさみ、小幅減益。
【サブスク】4月に漫画・雑誌の読み放題サービスを開始へ。海外向けにアニメ、コミックなどのグッズ販売のECを開設。

【情報・通信】 ☒前号比増額 ☺会社比強気

年月【資本異動】		万株
14.10	株式移転	7,530
14.11	消却	7,030
17. 7	交換	7,089

東証	高値	安値
14~17	2346(14)	1157(16)
18	1446(1)	1051(12)
19	2137(12)	1076(2)

	高値	安値	出来万株
19.12	2137	1695	940
20. 1	2127	1842	551
#2	1889	1452	654

【生産性比較】従業員数一 1人当り総利益1,254万円(一倍)
【グループ採用】初‥万円 予未定 院卒‥(女‥)中途‥
【業種】メディア 時価総額順位 18/121社
【比較会社】9602 東宝, 4689 ZHLD, 9470 学研HLD

【株式】12/31 70,892千株 単位 100株 貸借 優待 時価総額 1,043億円
【財務】〈連19.12〉百万円
総資産 240,505
自己資本 107,225
自己資本比率 44.6%
資本金 20,625
利益剰余金 48,301
有利子負債 65,578
【指標等】〈連19.3〉
ROE ▲3.9% 予9.2%
ROA ▲1.7% 予4.1%
調整1株益 一円
最高純益(15.3) 14,055
設備投資 133億 予‥億
減価償却 63億 予‥億
研究開発 1億 予‥億
【キャッシュフロー】億円
営業CF 58(16)
投資CF ▲130(▲187)
財務CF ▲42(▲64)
現金同等物 561(674)

【株主】単29,054名〈19.9〉万株
自社(自己株口) 793(11.1)
川上量生 450(6.3)
日本マスター信託口 401(5.6)
日本トラスティ信託口 280(3.9)
NTT 204(2.8)
日本生命保険 171(2.4)
バンダイナムコHD 153(2.1)
NTTドコモ 120(1.6)
ジュニパー 110(1.5)
ゴールドマン・サックス(レギュラー)アカウント 110(1.5)
〈外国〉22.2%〈浮動株〉10.5%
〈投信〉5.2%〈特定株〉41.0%
【役員】(会)角川歴彦 (社)松原眞樹 (副社)井上伸一郎 (取)関谷幸一 芳原世幸 安本洋一 川上量生 夏野剛 船津康次* 星野康二* 森泉知行* 高須武男* (常監)高山康明 渡辺彰 (監)渡邊顯* 新田正実*
【連結】ドワンゴ, ブックウォーカー

【業績】(百万円)	売上高	営業利益	経常利益	純利益	1株益(円)	1株配(円)
連17. 3	205,717	8,419	7,407	5,767	85.0	20
連18. 3	206,785	3,144	3,716	1,038	15.5	20
連19. 3	208,605	2,707	4,205	▲4,085	▲63.9	20
連20. 3予	207,000	10,500	11,300	9,850	160.3	30
連21. 3予	210,000	10,000	10,800	7,500	122.1	30
連19.4~9	100,439	6,389	6,805	6,202	98.5	0
連20.4~9予	101,000	6,000	6,400	4,500	73.2	0
連18.4~12	152,102	3,183	4,371	▲2,169	▲33.8	
連19.4~12	150,177	8,460	9,191	7,882	126.2	
会20. 3予	207,000	10,000	10,800	9,500	(19.11.14発表)	

【配当】	配当金(円)
15. 3	10
16. 3	20
17. 3	20
18. 3	20
19. 3	20
20. 3予	30
21. 3予	30

予想配当利回り 2.04%
1株純資産(円)〈連19.12〉 1,745 (1,602)

【本社】102-8177東京都千代田区富士見2-13-3 ☎03-3549-6370
【主要子会社】ドワンゴ, ブックウォーカー
【従業員】〈19.3〉連4,546名 単158名(42.7歳)年791万円
【証券】上東京 幹(主)大和(副)野村 名三井住友信 監トーマツ
【銀行】みずほ, 三井住友, 三菱U, りそな
【仕入先】一
【販売先】日本出版販売

どんな事業をしているのか、最近の事業の調子は良いのか悪いのか、その原因は何か、また、業績が上向いたり下向いたりと変化する兆候は出ていないか、という点に注目します。

【連結事業】には、事業ごとの売上の内訳と、カッコ内に事業ごとの売上高営業利益率が書かれています。これは、売上のうち何％が営業利益（本業による利益）になるのかという割合で、これが大きいほど利益を得やすい事業であるということがわかります。

②業績や配当の状況を見る　～通期の業績が順調に拡大しているか～

【業績】欄には通期の業績と四半期の業績が掲載されています。通期の業績というのは1年間通しての業績のことで、四半期の業績というのは1年間の中で3ヵ月目、6ヵ月目、9ヵ月目などの業績の途中経過のことをいいます。

「連」と記されているのは連結決算で、子会社などの業績も連結させて集計した業績。上場企業の業績は連結決算で見るのが普通ですが、連結する子会社などがない場合には、「単」と記されて、その会社のみの単体決算の数字が出ています。なお、「17・3」というのは17年3月末に終了する1年間という意味で、何月を決算期末にするかは会社によって違います。

図2 業績欄

	【業績】(百万円)	売上高	営業利益	経常利益	純利益	1株益(円)	1株配(円)	【配当】	配当金(円)
通期の業績	連17. 3	205,717	8,419	7,407	5,767	85.0	20	15. 3	10
	連18. 3	206,785	3,144	3,716	1,038	15.5	20	16. 3	20
	連19. 3	208,605	2,707	4,205	▲4,085	▲63.9	20	17. 3	20
	連20. 3予	207,000	10,500	11,300	9,850	160.3	30	18. 3	20
	連21. 3予	210,000	10,000	10,800	7,500	122.1	30	19. 3	20
四半期の業績	連19.4~9	100,439	6,389	6,805	6,202	98.5	0	20. 3予	30
	連20.4~9予	101,000	6,000	6,400	4,500	73.2	0	21. 3予	30
	連18.4~12	152,102	3,183	4,371	▲2,169	▲33.8		予想配当利回り	2.04%
	連19.4~12	150,177	8,460	9,191	7,882	126.2		1株純資産(円)<連19.12>	
会社による予想	会20. 3予	207,000	10,000	10,800	9,500	(19.11.14発表)		1,745	(1,602)

「予」と書かれているのは予想値のこと。四季報では今期と来期の2年分の予想値が出ています。会社自身も今期の業績予想を出しており、それは【業績】欄の一番下の行に掲載されています。つまり、KADOKAWAの20年3月期については、四季報による予想値と、会社による予想値の2つが掲載されていることになります。

営業利益は、売上高から費用を差し引いて計算された利益で「本業によって稼いだ利益」のことをいいます。

経常利益は、その会社の継続的な営みから得られた利益であり、「営業利益＋本業以外の継続的な営みによる損益」のことです。本業以外の継続的な営みというのは、たとえば、

図３　業績の仕組み

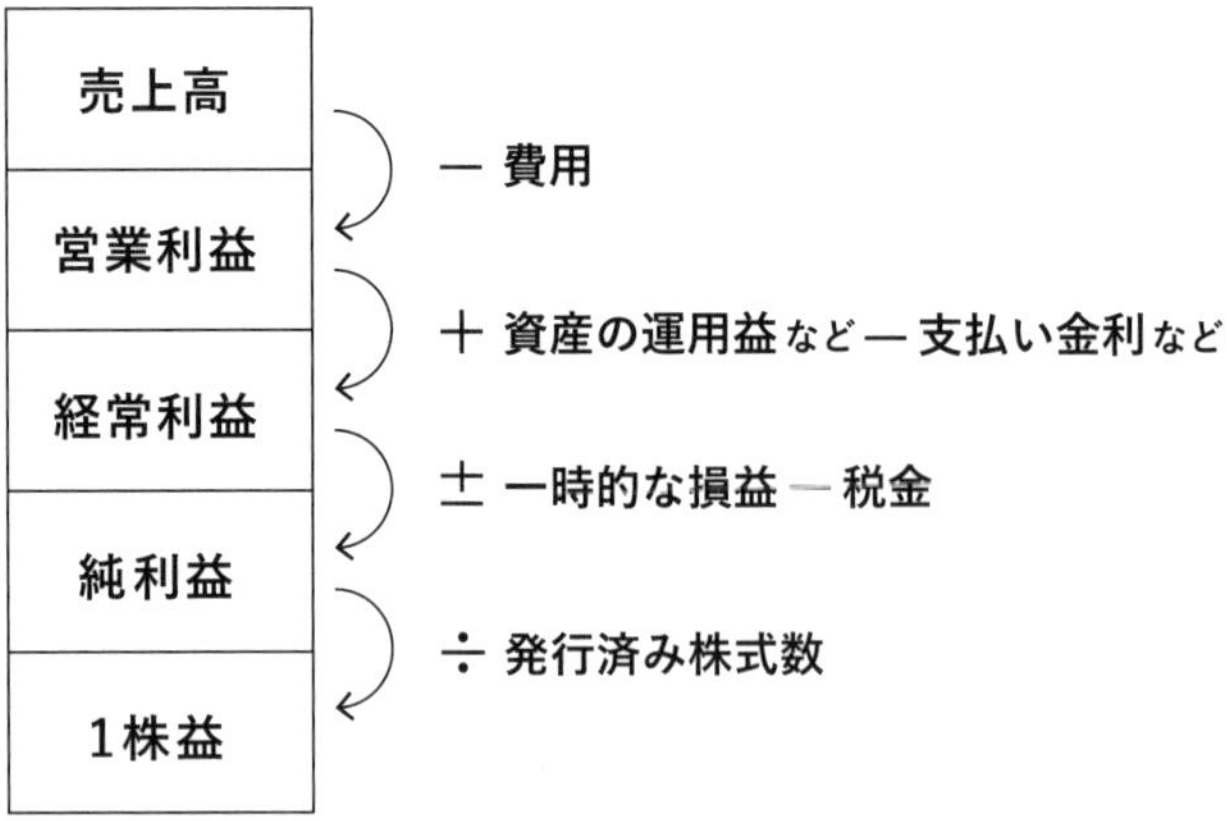

余剰資金を運用して利益を得たり、借金の利息を支払ったり、といったことを指します。

純利益は、会社が稼いだ利益に一時的な損益を加減して、そこから税金を差し引いて最終的に残った利益のことです。

１株益は、１株当たりの純利益のことであり、「純利益÷発行済み株式数」で計算されます（図３）。

業績は、売上高と利益がともに拡大傾向なら、順調に業績拡大していると判断できます。図１の記事の右欄外に、上向きの矢印とともに前号比増額と書いてありますが、これは今期（20年３月期）の営業利益の予想値が、前号と比べて上方修正されているということを示しています。

また、微笑みのマークとともに会社比強気と書いてありますが、これは今期（20年3月期）の営業利益の予想が、会社予想に比べて四季報予想の方が上回っていることを示しています。四季報が取材した結果、「どうも会社が出している予想を上回りそうだ」と記者が判断しているケースです。

以上のように、「前号比増額」や「会社比強気」などの欄外の記載は、業績の勢いが増していたり、弱まっていたり、という業績の勢いの変化を示すものといえます。

③資産や負債の状況を確認する　～総資産、負債、純資産の関係を理解する～

総資産から負債を差し引いた資産を純資産といいますが、自己資本はこの純資産とほぼ同じものです（図４）。【配当】欄の下に掲載されている1株純資産とは、純資産を発行済み株式数で割って計算したもので、1株当たりの正味の資産のことです。

自己資本比率は、総資産のうち、この純資産がどのくらいの割合かを計算したものです。負債が少なければ自己資本比率は高くなります。たとえば、総資産に対して負債が30％な

図4　総資産と負債・純資産の関係

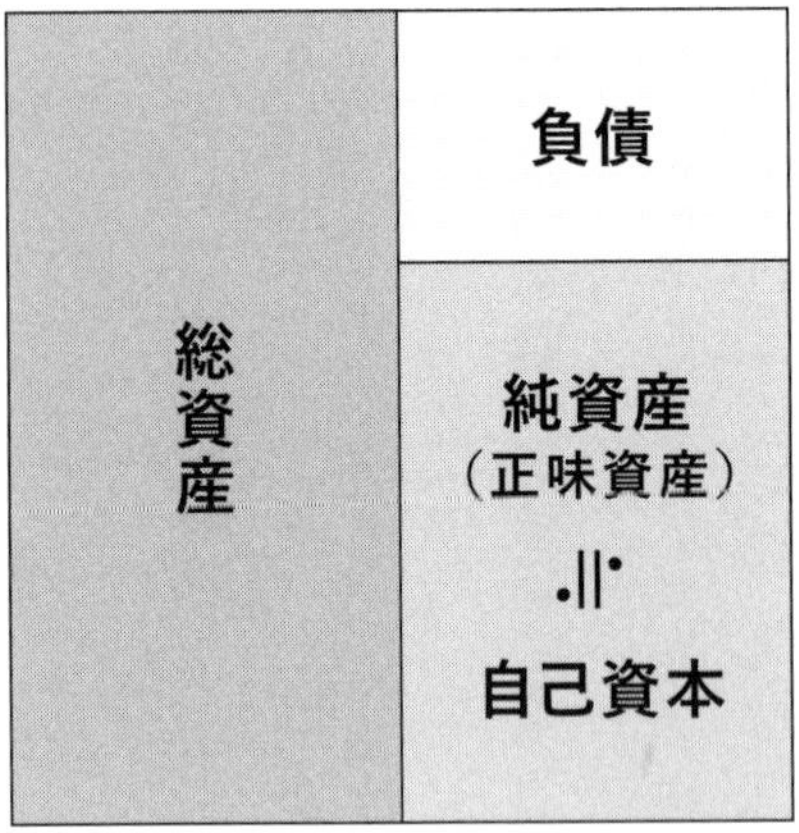

ら、純資産の割合は70％で、自己資本比率も70％となります。上場企業の自己資本比率の平均は、だいたい40％くらいです。しかし日本の企業には、自己資本比率が60％以上とかなり高い会社が多く、中には80％というように相当高い会社もあります。

負債というのは支払い義務のある金額のことで、取引先とのやりとりによって生じた支払い義務、たとえば、商品の仕入れに対して支払いが予定されている金額なども含みます。

銀行借入などの金利の支払いが生じる借金が有利子負債です。自己資本比率が高い会社は、この有利子負債がゼロもしくはゼロに近い会社が多いです。

また、現金や預金の金額については現金同等物を見てみましょう。ただ定期預金などでここに含まれない金額もあるので、より正確に会社の現金・預金の金額を調べるためには、有価証券報告書あるいは決算短信の貸借対照表の資産の部を見て確認してみましょう。

利益剰余金とは会社が稼いだ利益のうち、株主に配当せずに貯め込んでいる資産のことで、内部留保と呼ばれるものです。設備投資や研究開発費など成長のための投資に使っているのなら問題はありません。しかし、ただ現金・預金、不要な不動産などとして貯め込んでいるなら、それは無意味にお金を貯め込んでいる会社だと考えられます。

資本効率とは、株主から預かっているお金をどれだけ効率よく使って、利益を出しているかということです。投資家から預かっているお金とは正味の資産、つまり、純資産ないし自己資本に該当します。

ＲＯＥ（自己資本利益率）は、その資本効率をはかるのに最も一般的な指標です。「純利益÷自己資本」という式で計算でき、どのくらいの利回りで自己資本を運用しているかを表します。

資本効率を見る指標

$$\mathrm{ROE} = \frac{\text{純利益}}{\text{自己資本}}$$

次のページの式を見るとわかる通り、ＲＯＥは自己資本を減らして、純利益を増やすことによって大きくなります。

自己資本を無駄に多く貯め込んでいる会社は、分母の自己資本が膨らみ、一方で分子の純利益が大きくならないので、ＲＯＥが低くなります。つまり、利益はちゃんと出しているのに、自己資本が大きすぎてＲＯＥが低い会社は、自己資本を有効に活用する、もしくは小さくしていくことによって、資本効率を大きく改善することのできる余地が大きいといえます。また、もし大きく改善することができれば、株価も大きく上昇する可能性があるといえるのです。

④ＰＥＲとＰＢＲから割安さを考える　〜ＰＥＲで収益力からみた割安さを考える〜

講義（97ページ）の通り、株価の割安さは、ＰＥＲとＰＢＲ

収益性から見た株価の割安さをはかる指標

$$\mathrm{PER} = \frac{\text{株価}}{\text{1株益}}$$

資産から見た株価の割安さをはかる指標

$$\mathrm{PBR} = \frac{\text{株価}}{\text{1株純資産}}$$

という指標で考えることができます。

ＰＥＲは1株益に対する株価の倍率であり、「株価÷1株益」で計算します。株価と1株益を比較することで、収益面から株価の割安さをはかります。基本的にはＰＥＲが低ければ割安という判断になるわけですが、それはあくまでも将来的な業績見通しが良いということを前提としていえることなのです。

ＰＢＲは株価が1株純資産の何倍かを見る指標であり、「株価÷1株純資産」で計算できます。通常は、ＰＢＲ1倍以下なら割安と判断できますが、日本の場合にはＰＢＲ1倍割れの会社が比較的多いです。

平均的なＰＢＲは、日本の東証一部上場企

業で1倍程度です。

ただし、業績を拡大するなどして資本効率をアップさせていくことができれば、PBRが低い分だけ株価が上昇していく余地も大きいと考えられます。低いPBRの株を買って高いリターンを得られるかどうかは、その会社が資本効率を改善させていけるかどうかにかかっているともいえるでしょう。

6講

「将来性」を見極める

――ＩＲに問い合わせ、シナリオを考える

ＩＲ担当部署は投資家とコミュニケーションする部署

どの会社に投資するか決めるにあたって、皆さんに必ずして欲しいことがあります。それは、ＩＲ担当部署に電話をすることです。ＩＲというのはInvestor Relationsの略であり、投資家向け広報のことです。上場企業はこのＩＲ担当部署を置いているのが普通です。ＩＲ担当部署は投資家向けに様々な情報発信をしていますので、まずはその会社のホームページのＩＲのページ（投資家向け情報のページ）を見てみましょう。決算や財務データを掲載した決算短信や有価証券報告書はもちろん、投資家にとって重要なニュース、決算説明会資料や中期経営計画などを見ることができます。

その他、インターネットの検索を使ってもいいでしょうし、その会社について自分なりにいろいろ調べて考えてみて、わからないこと、もっと知りたいことをまとめて、ＩＲ担当部署に電話してみましょう。

投資の初心者の人が上場企業のＩＲ担当部署に電話するのは少し緊張することかもしれません。しかし、「株主の××ですが、いくつか質問させてください」とか「御社の株への投資を検討している××といいますが、質問させてください」と問い合わせの趣旨を伝えれば、ＩＲ担当者がきちんと対応してくれるはずです。中には対応が悪い会社もあるかもしれません。

そうした対応の仕方も含めて、その会社についてわかることがいろいろあると思います。

ＩＲ担当部署の問い合わせ先は、ＩＲ関連の資料にも出ていますし、会社四季報に載っている代表電話に問い合わせをしてもいいでしょう。

聞きたいことはなんでも聞いてみる

ターゲットとする企業を決めたら、一人の投資家としての自覚を持って電話をしましょう。ただ、電話さえすれば、際限なくすべての質問に答えてもらえるというわけではありません。

短時間でできるだけ要領よく話を聞き出すために、準備は不可欠です。まずは自分なりにいろいろ調べて、聞きたいことを整理しましょう。

先ほども言いましたが、会社のホームページのＩＲのページにはたくさん資料がありま す。専門的な用語も出てきますから最初はスラスラと読みこなすことはできないかもしれません。でも、今後も投資をしていく上で知っておいて損はない言葉ばかりです。できるだけいろいろ読んで情報を吸収してみましょう。分からない用語も、一般的な用語ならば、ネット検索でも調べられるはずです。業界やその会社の独特の用語は、電話した際に聞いてみるといいでしょう。

このように自分なりに情報を集め、自分なりに考えをまとめ、質問事項を整理してＩＲ担当部署に電話してみてください。

具体的にどんなことを質問したらいいかということについては、特に決まりはありません。自分が投資をする上で大切だと思うことは、自由に聞いてみたらいいと思います。たとえば今後は働く人を幸せにする会社が伸びると思うのであれば、従業員満足度を高めるためにどのようなことをしているかを聞いてみる。もっと高校生の皆さんに身近なところであれば、たとえばこの会社がもっと積極的にＳＮＳを活用したら業績が伸びるはず、と思うのであれば、SNSを使った取り組みをどう考えているかと聞いてみる。とはいえ、IR担当部署とのコミュニケーションは、事業のアイデアを交換する場ではありません。**一人の投資家として、自分の投資判断をよりクリアにするために必要な情報を集める手段であることを忘れないでください。**

ですから、個別の商品やサービスについて聞くこともできますが、投資は商品やサービスではなく、企業に対して行うものです。基本的には企業全体の業績の動向や、主力の商品、新規展開で期待が持てるサービスや、株価に対する考え方、目標とするROEなどの経営指標を聞くことが良いと思います。

一番聞きたいのは、「将来的にこの会社をどのような会社にするつもりなのか。どのような会社にしたいのか」ということ、将来のビジョンだと思います。

対応してくれる担当者も投資家とコミュニケーションを取るプロですから、答えられないことに対してはその旨を説明してくれるはずですし、答えられることに関してはできる範囲で答えてくれると思います。

現状と将来性について聞いてみる

業績が順調に拡大している場合、あるいは業績が不調な場合、それらの要因は何でしょうか。

・業界の状況
・業界の中でのその会社のポジション
・業界の中でのその会社の強み
・顧客動向
・その他何か重要な要因があるのか

などが知りたいところです。

そうした現状認識を整理した上で、「今後はどんな見通しなのか。好調は続くのか、不調は脱せられるのか。どのようなことが起こると業績は悪化してしまうのか、あるいは、どのようになれば不調から好調に転じるのか」、そうしたことを聞いて、自分なりに分析してみることが大切です。

現状は数字で見ることができますし、近い将来については、会社が発表する業績予想や経営目標などが示された中期経営計画で知ることができます。今では、ほとんどの上場企業が中期経営計画を発表しています。だいたい、3年を一区切りとした計画となっており、どうやってその数値を達成していくかというステップも書かれていることが一般的です。

ただ、これはあくまでも会社が目指す計画であり、それらを自分でよく考えて、その経営計画に合理性があるか、実現可能性はどのくらいか、達成するにあたってのリスクは何か、そういったことをIR担当部署に聞いてみるといいでしょう。

そして、それにとどまらず投資家としては、その会社の将来性について知りたいところです。5年後、10年後、その会社はどのようになっていくのでしょうか。

今の業績が好調だとして、それは将来的にどのくらいまで拡大が見込めるものでしょうか。そして、新たな事業展開の可能性はどうでしょうか。どのタイミングでどのくらい、新規事業が売上や利益に貢献してくるのか。その他、中期経営の計画の中でもまだ回復が見込めない事業などは、成長軌道に戻せるのか。そして、成長軌道に戻してどのくらい業績拡大の可能性があるのか。そんな話も聞いてみるといいと思います。

会社の強みは何か

将来性を考える上で前提となるのは、その会社の強みは何かということです。その会社にはどんな強みがあり、それをどう生かして将来展望を描いていけるのでしょうか。会社の将来像やそこへのステップに、会社の強みが十分反映されているでしょうか。

たとえば、

・技術的な強みやノウハウ的な強み
・ビジネス上の仕組み
・ブランド力
・経営者の先見性やリーダーシップ
・優秀な人材
・優良な顧客基盤

など様々な観点からその会社の強みについて探ってみましょう。

現在何らかの強みを持っているとして、それがダメになってしまうようなリスクはないのでしょうか。他の技術に取って代わられたりするようなリスクはないでしょうか。強みを維持させていく上でのリスクとそれに対する備えがあるのか、また、現状の強みをさらに発展させていくためにどのような努力をしているのでしょうか。

最終的には、その会社の強みを生かして具体的にはどのくらい業績を伸ばせそうなのか、会社の将来像にある業績の拡大余地を検証してみましょう。その商品やサービスの市場規模が将来的にどのくらいになり、その中でどのくらいのシェアを取れるのか。小売りや外食など店舗展開している業種の場合には、どのくらい出店余地があるのか。

これは同じような事業展開をしている会社を参考にして、上手くいけばどのくらいの店舗数、売上、利益になるかなどを考えることができるでしょう。

スマホゲームの場合には、どのくらいのダウンロード数になる可能性があり、どのくらいの売上・利益になる可能性があるのか、前例なども参考に考えることができます。

成長余地がどのくらいあるのかについては、業種によっても考え方は異なると思います。同業種で成功している事例、失敗している事例などを参考にしながら、会社の強みがどう生かされているか、聞いてみると良いでしょう。

遊休資産について

余剰資金や遊休資産がたくさんある場合には、それらをどうするつもりなのかということも聞くべきです。

企業が稼いだ利益は、成長のための投資などに使われる見込みがない場合、原則としてオーナーである株主に配当されるべきものです。しかし、日本企業の多くは利益の半分以上を配当せずに内部留保します。その内部留保の蓄積された金額は利益剰余金として財務諸表の貸借対照表に掲載されています。この利益剰余金が、理由があって一時留保されているものであればいいのですが、その大半が明確な使途もないままに現預金として眠っているケースが多々あります。あるいは、遊休資産と呼ばれますが、昔から所有している広大な土地が有効活用されないままで保有されているケースもあります。

本業の役に立っていない遊休資産については、本来は現金化をして株主に返すべきです。返さないのであれば、他に有効な活用手段を見つけ、利益を生み出すように利用すべきです。遊休資産を多く抱えていると思われる企業については、保有の理由や今後の方針について聞いてみてください。

長年眠らせたままだった余剰資金や遊休資産を成長のための投資か株主還元に思い切って振り向けるという方針に転換すれば、株価が大きく上昇する可能性もあると思います。

以上、ＩＲ担当者へ質問する項目の候補を並べてきましたが、もちろん、実際に質問をして投資の判断をするのは皆さん自身です。

そのため、電話する際には、できるだけ本音や真実を探るようにすることです。会社は投資家からいろいろ聞かれたときに、基本的には会社の公式見解にそって会社にとって都合の良い回答をしてきます。そこで私は、見えづらい真実や本音をできるだけ探るために、会社が嫌がりそうな質問をするようにしています。

たとえば、たくさんお金をかけている新規事業がなかなか軌道に乗らずに赤字が続いているという件があったとして、それについて質問すれば、それがちゃんと軌道に乗るシナリオを話してくるでしょう。しかし「もしシナリオ通りにいかないとすれば、どんなことが原因になると考えられるか」、「そうしたリスクに対する備えはしているのか」というようなことを聞いてみます。

本当に良い会社ならば、あらゆる事態を想定し、最悪のケースになっても大丈夫なように備えているはずです。また、嫌がりそうな質問といっても、あくまで真面目な質問であれば、相手もＩＲのプロですからきちんと答えてくれると思います。

―N高投資部レポート②―
会社訪問で見通しを問う

本当に必要な情報は自分で手に入れること――。
そうした村上さんからの教えを実践するべく、部員は積極的にIR担当部署へ電話をかけ、会社を訪問した。その結果、得られた情報、得られた経験とはどのようなものだったのか。会社訪問に参加した5人の部員のレポートの一部を紹介する。

伊藤創さん

大手出版・メディア企業を訪問しました。採算の取れていないウェブ関連事業の再建プランについて関心があり、IR担当の方から直接お話を聞けたのはよかったです。しかし、決め切れてない点が少なくないように見受けられ、もっとスピーディに決めていかないといけないのではと思いました。そうしたやり取りから、事業の再建は想像していたよりも難しいのかもしれないと感じました。反省点として、疑問に思ったことは遠慮せずに、もっと積極的に質問するべきだったと思います。

また、大手ネットメディア企業の訪問にも参加しました。ゲーム事業では、ロングランヒットになるものも多く、新規タイトルも積極的に開発しているとのことで、高収益を維持しつつ、工夫と努力がなされていることがよくわかりました。IR担当の方には、こちらの質問に率直に答えていただき、非常に印象が良かったです。現在開発中のタイトルのお話も聞けて、期待が持てそうと感じました。会社にアットホームな空気感が感じられて雰囲気がよく、投資したいと強く思いました。

光澤加偉さん

大手ネットメディア企業を訪問した際には、懸案事項となっているメディア事業の成功に向けて、社長が先頭に立って指揮している様子がうかがえました。重要課題に対しては、社長のトップダウンで全社迅速かつ柔軟に動ける会社なのだと思います。投資対象として、非常に魅力を感じました。会社にとってネガティブな質問もしましたが、きちんと答えていただけて有り難かったです。

松久保美羽さん

大手家電量販店の訪問に参加しました。会社の収益の割に株主への配当が少ないのではないかと思っていたので、その点を質問しました。配当と株主優待の両輪で株主還元を考えているとのことで、株主優待によって個人株主を増やして、ファンを増やし来客を増やしたいということでした。これも売上を伸ばす一つの戦略なのだと思います。

すでに株を持っている、大手小売販売店も訪問しました。すでに大きな売上高のある会社で、これからは高齢化や人口減で市場規模も縮小していくことが予想されるので、会社の成長余地はあまりないと考えていました。しかし、お話を伺うと、日本国内の小売市場は145兆円もあり、まだまだ成長余地は大きいとのことでした。また業績不振の店舗の閉店についての基準を定めていて、損切りが素早くできることが、この会社の強みなのだと理解することもできました。持っている株は、そのまま保有したいと思います。

神崎雄輝さん

私は入部当初より、自分の好きなeスポーツに関する株を買いたいと考えていました。eスポーツの事業に取り組んでいるという、大手家電量販店への訪問に同行し、その点について質問しました。回答としては、市場の発展に貢献したいと思っているとのことでしたが、現時点では利益を出せていないとのことでした。この分野が今後どうなっていくのか引き続き注目したいと思います。投資については、国内の家電市場そのものに明るい見通しが持てないように思うので、もう少し様子見にしようかなと思いました。

三澤瑠花さん

すでに株を保有している大手家電量販店の訪問に参加しました。このまま持ち続けていいのかという観点から、興味深く話を聞くことができました。ネット販売にかなり力を入れていて、ここまで順調に伸びてきているとのことで、まだこれからも伸びそうだなと思いました。一方で業界の不安材料として、テレビやカメラの販売については、やはりスマートフォンが普及して高機能化した影響もあり、ガクンと下がってしまっているとのことでした。それらが昔のような水準に回復するという期待は持っていないという、本音を聞くことができたのも印象的でした。

7講

「リスク管理」を考える

――上がり始めたら買え、下がり始めたら売れ

リスク意識を常に持ち、リスク管理を怠らない

実際に投資を始めてみると、いろいろと疑問が出てくると思います。たとえば、

「売りタイミングをどうしたらいいか」

「持っている株が下がった時にどう対処したらいいのか」

というような質問をよくもらいます。

これらは売りタイミングやリスク管理についての質問ですが、投資家として生き残るためにとても大事なテーマですので、この講義で考え方を述べていきたいと思います。

まず、リスク管理の基本としては、「投資には常に失敗はつきものだ」ということを前提にすることです。リスクを取ってお金を投じるのが投資ですから、失敗することも当然あります。

先にも述べましたが、投資家は常に「もしかしたら失敗するかもしれない」という挑戦する恐怖と背中合わせにいるべきであり、「投資は怖い」という感覚を忘れずにいることが大切だと思っています。

ですから、今回投資の体験をしてもらうことで投資に対する思い込みや、「よく分からないから怖い」という感覚はなくして、投資とは何かということを良く理解した上で、投資に対する怖さを感じていただきたいと思っています。そしてその感覚を忘れないでいただきたいのです。

景気や相場が良くなって調子よく儲《もう》かることが続いてくると、「投資なんて怖くない」と怖さを忘れがちになります。しかし、自動車の運転でも、包丁の使用でも、株の取引でも、怖さを忘れてしまったときに本当の失敗が訪れるものです。

投資家としては常に怖さを忘れず、何か見逃しているリスクはないか、リスクをとり過ぎていないか、ということを自問しながら投資することが大切であり、それが失敗を減らすことにつながります。

しかし、だからといって、怖がり過ぎる必要もありません。

リスクというのは意識して対処すればある程度はコントロールできるので、怖さを忘れず、様々なリスクを想定し、対応できる範囲で投資していくことが大事です。

投資の場合、一つひとつの投資においてはある程度損をすることは仕方のないことです。大事なことは致命的な損を避けつつ、勝ったり負けたりしながらも、トータルで利益を上げていくことです。

自分にとっての適正な投資金額を探る

では、株式投資においてどのようにリスク管理をしたらいいのか、具体的に考えていきましょう。リスク管理で大切なことは、

①投資金額を適正にする

②失敗したと認識したら素早く損切りする

の2点です。

まず、適正な投資金額について考えていきましょう。

たとえば、株やＦＸには、自己資金を超えて投資する仕組みがあり、うまくいけば小さな手元資金で大きな利益を得ることができます。ですが、その逆も起こります。自己資金を超えて大きな損失を出した場合、その全額をすぐに支払わなくてはなりません。初心者のうちに自己資金を超えて投資するということは非常に危険ですから、控えるべきだと思います。

株の場合は信用取引という仕組みを使うと、自己資金の約３・３倍の金額まで投資できます。たとえば、30万円の自己資金があったとすると、１００万円まで投資することができます。このように、自己資金よりも大きな金額の投資をすることを「レバレッジを利かせる」といいます。レバレッジというのはテコの原理のことです。株の信用取引では約３・３倍、ＦＸでは25倍までレバレッジを利かせることができます。

個人投資家の人で、信用取引でレバレッジを利かせて投資している人は結構多いですが、これについては、資金的にかなり余裕のある人や、ある程度経験を積んだ人以外には、おすすめしません。ちょっとした株価変動で一気に破綻《はたん》してしまうことになりかねないからです。

たとえば、30万円の自己資金で１００万円の株を買った場合、株価が30％下落しただけで自己資金のすべてを失うことになってしまいます。これでは一時的な株価変動に耐えられません。

もちろん、株価が上昇すれば一気に大きな利益を得ることができるのですが、手持ちの資金の目一杯で投資をしているような場合は、ものすごくリスクが高い取引です。

投資金額は貯金などの一部を使い、原則として自己資金の範囲内で損失をカバーできる範囲で決めてください。

また、1つの銘柄に投資する金額も、その銘柄のリスクに応じて決めていきましょう。たとえば、何倍にも成長する可能性もあるけどリスクも高い会社の株に投資する場合と、比較的安定した会社の株に投資する場合では、適正な投資金額も異なってくることでしょう。

失敗しても致命的な損失額にならないように心がけて、投資金額を決めていきます。

どのくらいの投資金額が適しているかというのは、資産の状況や事情、各自の投資の実力、各自の性格などによって異なってきますので、「自分にとっての適正な投資金額」というのは各自が考えながら手探りで見つけていくしかありません。お金を減らしてしまうというのは、慣れないうちはつらい行為で身を切られる思いがします。だからといって投資額が少なすぎてもリターンは小さく、あまり意味がありません。たとえば2講で紹介したように、生活のためのお金を線引きした上で、「このくらいの投資金額であれば、あまりビクビクしすぎずに、常に冷静に対処していけるな」という金額を探っていきましょう。

投資上手は損切り上手

リスク管理の2つ目のポイントは「失敗と認識した時にきちんと損切りする」ということです。何度もいいますが、投資に失敗はつきものです。私を含めて100％勝てる投資判断を下せる人なんていません。どんなすごい投資家の人でも、みんな勝ったり負けたりしているのです。

投資で成功できる人とできない人の大きな違いは、失敗した時にそれをきちんと認めて迅速に損切り処理できるかどうかです。

ここで言う損切りというのは株を売却して損失を確定することであり、これを実行するのは精神的にはつらいものがあります。しかし、見通しを誤った株を持ち続けるのはリスクが高いです。失敗した株を損切りできないまますずるずる保有し続けると、大きな損失になりかねません。「もうだめだ」と思ったらきっぱりとあきらめて、その資金をほかの銘柄に回し、リカバリーを図る方がいい。

株については、「だいぶ下がったから、もうあまり下がらないだろう」と安易に考えるのは危険です。株は予想外に大きく下がってしまうということが多々あります。「高値から半値になったからもう下がらないだろう」と思ったら、そこからさらに半値になってしまった、ということだってザラにあることです。

このように見通しが立たなくなった状態の株をずるずると持ち続けるのはとても危険なことですから、失敗したと認識したところで潔く損切り処理するようにしましょう。そして、次のチャンスを探しましょう。

バリュー面で十分魅力的で、悪材料も織り込まれたら「買う」

リスク管理の基本についてお話ししたところで、次には売買タイミングの考え方について整理してみたいと思います。損切りについてはすでに述べましたが、それを含めた売りのタイミング、そして、買いのタイミングについても整理して述べていきましょう。

売買のタイミングについても、私は父の言葉をいつも心にとめています。それは、「上がり始めたら買え、下がり始めたら売れ」というものです。

この言葉は、株の日々の価格の動きの話だけではなく、「経済にも相場にもトレンドがあり、そのトレンドを見極める判断力や感受性を養え」ということなのです。そうした総合的な判断の中で、ひとたび上昇トレンドに転じたと判断したら、株価が底値から多少上がっていても有望と思うなら「買い」、ひとたび下降トレンドに転じたと判断したら、株価がピークからある程度下がってしまっていても「売り」と考えろ、という教えです。

バブルがはじけたり、金融危機などが起きたりして株価が大きく下落したら基本的には株を買うチャンスだと思います。しかし、下落が続いている最中の株を買うのは難しい面があります。どこが底値かを判断するのはなかなか難しく、「もうだいぶ下がったから」と安易に買ってしまうと、その後さらに大きな下落に巻き込まれて苦しむということが多々あります。高値から2分の1になったからとか、3分の1になったから、というような株価の動きだけを理由に株を買うのは危険です。

昔からよく言われている相場の格言に「落ちてくるナイフはつかむな」というものがありますが、これはまさに下落している最中の株を買うのは、どこまで落ちるかわからないのでやめた方がいい、底を打ったことを確認してから買え、ということを伝えています。

株を買うにあたっては、大前提としてバリュー的な根拠が必要です。その会社の株にはどのくらいの価値があるのか、業績、将来性、資産などの面からよく検討してみましょう。たとえば、1000円くらいの価値はあると思える株が500円くらいまで下がってきたら、それはバリュー的には十分に買う理由になります。

また、株価の下落が続いている時というのはその会社に関する悪い材料を織り込んでいるわけですから、どうしてその株が下がり続けているのか、その背景をよく考えてみましょう。どんな時でも、とにかく自分で考えることが大事です。

その会社自体に固有の悪材料があるのか、それとも、経済全体、相場全体が悪化していることに引きずられているのか。そうした下落の背景が十分に把握しきれず、悪い材料がすべて株価に織り込まれたという判断ができないうちは、割安に見えても、株を買うことには慎重になった方がいいでしょう。

一方で、株価が下がっている要因についていろいろ検討し、そうした悪材料が株価に十分に織り込まれて、これ以上下がりようがない、さらには、上がり始めた、バリュー面でもかなり魅力的だ、という状況になってきたところで「買い」という判断ができます。

シナリオが間違っていたなら売りなさい

売りタイミングについては、大きくわけて次の2つあります。

①十分に目標を達したと判断した時
②シナリオが間違っていたと判断した時

まず株を買う時点で、「会社の利益がこのくらいまで伸びるのではないか」、「株価がこのくらいまで上昇するのではないか」というようなシナリオを考えますが、そのイメージや目標が十分に達せられたと思えば売りでいいでしょう。私はそのような方法をとりませんが、現在の株価より20％ぐらい上がったら売る、など自分で目標を決めておく方法があります。

ただ、株価は会社の成長によってどこまでも伸びていく場合もありますので、早く売りすぎて得られたはずの利益をふいにすることがありえます。若い会社やサービスが伸びている会社については、目先の利益で判断せずに、あくまで自分のシナリオが崩れていない限りは持ち続けるといいでしょう。

2つ目の売りタイミングは、リスク管理の話の中で述べた損切りのケースです。自分の判断が間違っていてシナリオ通りにいかなければ基本的には「売り」という判断になります。

シナリオ通りにいっていないわけですから、それに気づいた時には高値からすでにある程度下落している可能性があります。その場合でも、もうこれ以上株価が上がっていくイメージを描けないのであれば、「もう少し株価が戻ったら売るのに……」などと躊躇《ちゅうちょ》せず、速やかに売った方がいいと思います。

保有し続ける理由を見出《みいだ》せない株を持ち続けるのにはリスクがあり、売りタイミングを見極めようとしている間に大きく下落していってしまうということもあります。それが「下がり始めたら売れ」という教えの意味です。

もし自分が描いたシナリオが間違っていないという自信があるのであれば、すぐ売るのではなく、持ち続けてもかまいません。場合によっては買い足すという選択肢だってあります。ただし、株価が下がるということ自体が、自分のシナリオと世間の認識に何らかのずれがあるということです。最終的にどちらが正しいのかは、わかりません。取れる範囲のリスクの中で、自分のシナリオを信じ切れるのであれば、損を覚悟で一度売って損失を限定した上で、様子を見て、もっと下がってから買い直すという方法だってあります。

以上、売買タイミングの話をまとめましょう。

悪い材料が株価にすべて織り込まれてバリュー的にも十分に魅力的な水準になったと考えられ、「これ以上、下がりようがない、あとは上がるしかない」と判断できる状況になったら「買い」のタイミングだと考えられます。

逆に、株価がどんどん下がり続けたときには、シナリオが間違っていたと考えられ、「これ以上、上がるイメージができない」との判断に至ったら、躊躇なく「売り」と考えましょう。

―N高生との対話④―
いつ買うべきか、いつ売るべきか

❓質問【暴落で買うか、上昇トレンドで買うか】

部員：「株は暴落した時が買いチャンス」という人もいますし、「上昇トレンドに乗っている株を買うのがいい」という人もいます。株価が大きく下がっているものを買うのがいいのでしょうか、それとも、上昇トレンドの最中のものを買うのがいいのでしょうか。

村上：まず、株を買う時には資産や収益といった、バリュー面での裏付けが必須だと思います。たとえば、「1000円の価値があると思われる株が500円になっている」と判断できるならば、バリュー面では買いチャンスだと言えるでしょう。

ですから、大きく下がってバリュー面でかなり魅力的になり、持ち続ければいずれ大きく株価が戻るだろうと考えられるならば、基本的には「大きく下げたところで買う」という判断でいいと思います。

もちろん、どんなに大きく下落しようと、魅力的でないなら「買い」とは判断できません。あくまで資産や収益の状況を検討しておく必要があります。一方、上昇が続いている株であっても、バリュー的にまだまだ魅力的で、「まだ本来の価値の半値くらいしかない」と判断できるのであれば、やはり「買い」と判断してもいいのではないかなと思います。

また、経済や相場のトレンドというのも意識するべきでしょう。

経済が一度下降トレンドになってしまうと、企業業績が悪化して、株価が下がって、そのことで消費が停滞して、さらに業績が悪化して、株価が下がって……というように、どんどん事態が悪化して、底なし沼のようになっていくこともあります。そうした場合には、大きく下落したからといって一気に資金を株に投入してしまうと、その後、資産が減っていくのを、指をくわえて見続けるはめになるかもしれません。

私は、父の教えである「上がり始めたら買え、下がり始めたら売れ」という言葉を大切にしています。買いについては、悪材料がほとんど株価に織り込まれて、もうこれ以上株価を下げづらいという状況になり、底を打って上がり始めるのを確認してから買うのがいいということです。バリューを重視しつつも、きちんとトレンドのことも意識して、タイミングを見極めるべきです。

質問【決算発表前後の対処】

部員：決算発表の後に株価が大きく変動することが多いです。決算発表を受けて急上昇したり、急落したり。決算発表に際して、投資家としてはどう対処したらいいのでしょうか。

村上：私の場合は、決算が予想されているよりも良い内容になりそうだと思えば決算発表前に買うこともあるし、予想されているよりも悪くなりそうだと思えば決算発表前に売ることもあります。そういう判断をするためにも、普段からその業界のことを勉強し、チェックしています。また経済や世界の動きを確認しています。

その会社について気になることがあれば、決算発表の1ヵ月くらい前までに問い合わせして、今どんな状況なのか確認したら良いと思います。決算発表直前になると、足元の状況については会社としては話ができなくなります。しかし、1ヵ月くらい前までなら、比較的教えてくれることが多いでしょう。

質問【決算発表後の株価の動き】

部員：自分が株を持っている会社が決算で業績予想の上方修正をしたのですが、株価は下がってしまいました……。どうしてこんなことが起こるのでしょうか？

村上：それは、業績予想が上方修正されること自体が、多くの投資家から予想されていたのだと思います。そうしたことを「株価に織り込まれる」という言い方をします。

つまり、今いただいた質問のケースでは、ある程度上方修正されることが株価に織り込まれていて、その予想されている範囲を超えない上方修正だった、あるいは期待されたほどの上方修正でなかったために、株価が下落したのだと思います。

たとえば、業績好調なことが周知されていて、「おそらく上方修正されるんだろうな」と多くの投資家が考えていたとします。そして、上方修正されると予想されている割合について「20%くらい上方修正されるんじゃないか」と考えている人が多いとします。それにもかかわらず会社の発表した上方修正が10%程度だったら、ガッカリして株を売る人も出てくるでしょう。

逆に、20%程度の下方修正が株価に織り込まれていたのに、実際には10%程度の下方修正で済んだ場合、株価は上昇することもあります。

なお、決算発表後の持ち株の対処についてですが、自分が考えた投資シナリオを変更する必要がないならばそのまま持続して保有していいでしょうし、自分の考えた投資シナリオが狂い始めてきたと判断できるような変化があったのなら、売却も検討する必要があるでしょう。

❓質問【大きな失敗について】

部員：村上さんでも大きな失敗をすることはあるのでしょうか？

村上：今まで何度か大きな失敗をしたことがあります。ここ10年ほどの例としては2つ挙げられます。

まず、中国のマイクロファイナンス事業への投資。これは、元ゴールドマン・サックス・USのパートナーの投資家が取りまとめて始まったものですが、複数の投資家から資金を集めて中国で中小企業向け融資の銀行を作り、ある程度成長したところで株を公開させ、投資家はそのタイミングで資金を回収するという計画の投資案件でした。

私は2013年にこの案件に投資しましたが、当時の中国経済はリーマンショックから順調に回復し、独り勝ちしているようにも見えましたし、高い利回りの債券で運用できて、かつ上場してさらに大きな利益が得られる可能性があるのなら、かなり良い投資になると考えました。しかし、2015年から中国経済は急激に減速し、債権の焦げ付きが急に増えました。さらに、現地の運営者が債権の焦げ付きの比率を隠蔽《いんぺい》して事態を悪化させるということもありました。結局この投資は大きな失敗に終わりました。

2つ目は2011年に行ったギリシャ国債への投資です。当時のギリシャは財政危機に陥り、ギリシャ国債が額面の半値以下に下がっていて、額面通りに償還されれば年率30%を超えるようなリターンとなる状況でした。仮にギリシャの財政が破綻して国債が満額償還されないとしても、他の類似ケースなどを参考に検討すると国外資産などを原資に3割程度は回収できるのではないかと考えました。満額償還されるケース、満額償還されないケースなどを様々にシミュレーションして計算すると、期待値は1を大きく上回るという結論になり投資しました。しかし、結果としてはシナリオ通りにはいかず、大きな損失になってしまいました。

このように大きな失敗はたびたびありますが、その都度できる限り検討した結果で、特に後悔はありません。ただ、「よく自分がわからないこと」に投資をするのは、期待値を正確に導き出すことができないので、やめようと強く思いました。

自分で直接状況を確認したり肌で感じることができて、意見を言ったり自分もネットワークの中である程度リスクをコントロールできるような案件や、通常の私の投資スタイルのように、会社側に改善策などを働きかけられるような案件以外はやるべきではないということを改めて感じました。

❓質問【利食いや損切りのルールについて】

部員：村上さん自身、利食いや損切りについてのルールはありますか？

村上：私自身についていえば、いくらになったら利食い売りするとか、何％下がったら損切りするとか、そういう目標や基準は設けていません。

ただ、株を買う時に「会社がこういう状態になったらいいな」というイメージはあります。たとえば、たくさん保有している遊休資産をきちんと株主還元に使うか成長のための投資に使うなどして、資本効率の向上に努めるという状態になることです。そうなるとおそらく株は何倍かになっているだろうなというイメージはあります。そして、実際にそういう状態が実現したなと判断できる状況になれば売ります。

損切りについては、自分の投資判断が間違っていたということになれば、価格にかかわらず損切りします。

自分が最も得意とするバリュー株投資については、基本的には損切りは考えていません。その会社が現に優良な資産をたくさん持っているわけで、それが有効活用されるのをアクティビストとしていろいろと会社に働きかけながら待ちます。時間がかかっても、目標とする「上場企業のあるべき姿」になる見込みが高いと思える場合には、一時的に株価が下がっても、損切りはしません。

皆さんの投資でも、当初に考えていた良いイメージが実現できたら利食い売り、投資判断が間違っていることがはっきりして、今後の見込みが立たないのであれば損切り、ということでいいのではないかと思います。

❓質問【同じような失敗を繰り返すケース】

部員：同じ銘柄の売買で5回連続損切りになってしまいました……。好きな銘柄なのでつい値動きを見てしまい、株価が上がり始めると「あっ、上がり始めた!」と思って焦って買ってしまうのですが、株価が下がり始めると「やばい、損したくない」と思って売ってしまいます。どうしたらいいでしょうか？

村上：それはあまりにも学習効果がないな……（笑）。失敗するのは仕方ないけれど、同じような失敗を何度も繰り返すのはいただけないですよね。何で失敗したのかをちゃんと考えて、次の投資に生かさないといけません。

まず、その会社の株をどうして買いたいのかな。今後業績が伸びて株価が上がると考えて投資するなら、もっと落ち着いて、この値段まで下がったら買おうと決めて、買ったら多少株価が上下しても持っている方がいいんじゃないかな、と思います。短期トレードが目的なら話は別だろうけど、その場合であっても、失敗経験を生かして戦略をもう少し工夫しないと。とにかく、どうして失敗したのかをもう少しよく考えてみてください。

❓質問【投資するときの精神的な揺れについて】

部員：儲かるとすごくうれしくなって気が大きくなってしまったり、損した場合には気分が落ち込んで自信がなくなったりと、気持ちがすごく揺れ動いてしまいます。投資家として成功するには常に冷静で感情もあまり出さない方がいいのかなと思うのですが、村上さんは、自分の精神的なコントロールをどのようにしていますか？

村上：感情を表に出すのは別にかまわないんじゃないかなと思います。無理にポーカーフェイスにすることもないかなと思います。私も結構感情を表に出す方で、上手くいけばうれしくて喜ぶし、上手くいかないときには「チクショー」と思うこともあります。ただ、儲かってもそんなに舞い上がって強気になることはないし、大失敗してもそんなに落ち込むこともありません。

若いときからメンタルは強かったみたいで、失敗すると悔しい気持ちにはなるけれど、落ち込むということはなくて、「どうして失敗したのか」、「次からどうしたらいいか」ということを一生懸命に考えていました。今でもそういう姿勢は変わらないですね。

大事なことは、上手くいってもいかなくても、一生懸命に考えることだと思っています。

8講

これからの投資家に求められること

——コーポレート・ガバナンスこそが日本経済の肝となる！

10年後、日本経済と日本株はどうなるか？

この8講では投資の社会的意義、あるいは投資家の社会的な役割について少し掘り下げて考えていきたいと思います。

投資家は社会の中で重要な役割を担っています。株式投資家がきちんと役割を果たすかどうかによって、日本経済の将来が決まると言っても過言ではありません。私としては投資家の社会的役割というものを強く意識しながら投資活動をしていますし、そのような株式投資家が増えることが日本経済を復活させるカギだと思っています。

ですから、ここでは株式投資の社会的な意義、そして投資家の社会的役割についてぜひ皆さんによく理解していただきたいと思っています。

そこで、皆さんに聞きたいのですが、10年後の日本経済と日本株はどうなっていると思いますか？

今こういう質問をすると、ほとんどの人から暗い見通しが返ってきます。「景気はもっと悪くなっている」とか、「株価はもっと下がっている」というように。

政府は莫大《ばくだい》な借金を抱え、少子高齢化が進み、年金など社会保障制度も危ぶまれ、電機や自動車など主要産業の国際競争力が衰え、ＩＴやＡＩなど先端の産業でも遅れをとっているという状況ですから、日本の将来を悲観的にとらえる人が多いのも仕方ないのかもしれません。

しかし、私は日本経済も日本株も将来的に、かなり状況が良い方向に向かうと思っています。いや、かなり良い方向に向かわせることができると思っています。

なぜかというと日本企業は海外で結構がんばっていますし、日本経済や日本株が停滞している一番の原因も分かっていて、その解決法も分かっているからです。今後その停滞原因が解消されていくにつれ、日本が抱える諸問題も解決に向かっていくだろうと思っています。

問題解決のカギは投資家が握っています。私自身、そのために全精力を注いでいきたいと思っています。できれば皆さんにも、その一翼を担っていただきたいなと思っています。

自分の投資行動が日本経済復活のために役に立ち、その結果自分自身の資産も大きく増えるとしたら、それはとてもハッピーなことではないでしょうか。私はそれが可能だと思っています。そのためにこの講義をしているとさえ言えます。私自身のこれまでの投資活動の実例を交えながら話を進めていきたいと思います。

日本経済低迷の原因は「お金の循環の停滞」

繰り返しになりますが、日本経済を停滞させてきた大きな原因というのは、お金の流れが病的なまでに滞っているという問題です。お金というのは社会の血液であり、お金の流れが活発になることによって、人やモノも活発になり経済が活性化します。

しかし、このお金の流れが滞っているために経済の動きが停滞し続けているというのがこれまでの日本経済の状況です。

日本には優秀な技術も人材も豊富にありますし、お金そのものも豊富にあります。それなのに、そのお金の動きが滞っているためにせっかくの技術やノウハウや人材が生かされていない状況が続いています。これはなんとも残念なことです。
日本でお金の流れが滞っている原因となっているのは、

①大企業の内部留保

②個人の預貯金（タンス預金含む）

の2つです。

日本の上場企業には今、400兆円を超える内部留保があります。

また、日本の個人の金融資産は1800兆円を超えていますが、その半分以上が現金・預金で、株式や投資信託に回っている割合は15％程度しかありません。この割合が米国並みに50％近くになれば、650兆円近くのお金が動き出すことになります。

では、これらのお金はどのようにしたら動かすことができるのでしょうか。

コーポレート・ガバナンスこそ資本主義経済の肝

「企業がお金を大量に滞留させている」という問題については、解決方法がはっきりしています。それは、コーポレート・ガバナンスを浸透させることです。コーポレート・ガバナンスというのは高校生の皆さんには聞きなれない言葉だと思いますので、ここで少し丁寧に説明しておきたいと思います。

コーポレート・ガバナンスというのは日本語では企業統治といいます。コーポレート(corporate)は「企業の」という意味で、ガバナンス(governance)は「統治」とか「管理」という意味です。

株式会社におけるコーポレート・ガバナンスとは、

・企業において健全な経営が行われているか(法令順守など)
・企業価値の最大化を目指す経営がなされているか

など株主が企業を監視・監督するための制度のことです。

そもそも株式会社においては、株を所有している株主がオーナーであり、経営者は株主から経営を負託された人です。そして、経営者は株主の負託を受けて経営のプロとして会社のかじ取りをして、株主はオーナーの立場でそれを監視するというのが本来の役割です。

これはプロ野球やJリーグのチームを思い浮かべてもらうと理解しやすいかと思います。プロ野球やJリーグの球団・クラブにはまずそのチームを所有するオーナーがいます。オーナーは監督を雇ってそのチームの運営を任せます。しかし、チーム運営が上手くいかずに成績が低迷すると、オーナーは監督のやり方を問いただしたり、注文を入れたり、場合によってはクビにしたりします。

企業における株主と経営者の関係も本来的にはこれと同じです。それは法律でも定められていることです。株主は経営を経営者に任せますが、その経営の在り方を監視し、経営者の能力や経営のやり方に問題があると判断した場合には、株主は株主総会における多数決の決議をもって経営陣を解任することができます。そして、新しい経営陣を選び直すことができます。

このように最終的に経営陣の任命権を持つのは株主総会です。自分たちの負託した経営陣がたくさんの利益を上げればそれを配当として受け取れるのも株主ですし、利益をどんどん再投資して成長を続けて、株価が上昇すれば株主の資産は増加します。逆に、会社が倒産してしまえば投資元本が戻ってこないという形で責任を取らされるのも株主です。

ですから、株主としては、できるだけ優秀で誠実な経営者に経営を託し、高い資本効率を実現して企業価値を高めてくれるかどうか、真剣に監視する必要があるわけです。

このように、株主によるコーポレート・ガバナンスが機能する状態が、本来の株式会社の在り方です。これは、資本主義経済の肝であるとさえ言えると思います。

しかし日本では、株主によるコーポレート・ガバナンスがほとんど働かない状態が続いてきました。株主は黙って株を持っているだけの存在となり、経営者に意見をしてはいけないような雰囲気になっていました。

ですから、私のように株主として経営者にズバズバ意見を言ったり疑問をぶつける株主は「物言う株主」と言われて、異質の存在のように扱われ、経営者からは嫌がられる存在でした。だいぶ環境が変わってきたとはいえ、今でもこうした「物言う株主」を嫌がる企業はたくさんあります。

日本ではどうしてこのようにコーポレート・ガバナンスが機能しなくなってしまったのでしょうか？

それは、戦後の財閥解体の後に開始した官僚主導の経済再建が行われる中で、外国資本の進出に対する防衛策として、企業と銀行がお互いに株式を発行して引き受けあうような増資を繰り返し、安定株主作りが進められたからです。その結果、大株主には関係金融機関がずらりと並び、あるいは、グループ内の企業や取引のある企業同士で株を持ち合うという構造となり、お互いに意見を言い合うことの無い状況が生まれました。

株主総会ではこのような身内の株主が大勢を占め、それ以外の株主が声を上げても打ち消されてしまい、多くの上場企業で株主総会が形骸《けいがい》化していました。こうした状況の中で、株主の多くは経営を監視するという役割を放棄していたのです。

このようにして、多くの上場企業でコーポレート・ガバナンスがほとんど不在となる中で、経営陣は自分たちや仲間に都合のよい経営をするようになり、それがまかり通る状況が続いてきました。さらに日本では、一部の創業家を除いて、自らも多くの自社株式を保有し、リスクを取ろうという経営者が非常に少なく推移してきたために、株価が低くても誰も危機感を感じない状態となっていたのです。

その結果として、日本の上場企業の多くでは、資本効率や企業価値の最大化などが意識されることがなく、会社が稼いだ利益の多くを貯め込んで、経営陣がそれを意のままに使えるような状態になってしまっていました。悪質な場合には、それらのお金で私腹を肥やすような経営陣もいました。実際に、私のファンドが大株主となって戦った相手には、そのような経営陣がいました。株主によるコーポレート・ガバナンスが無力化されていますから、経営陣たちはやりたい放題できるわけです。

このようにして日本の上場企業のお金の多くは内部留保として滞留し、日本経済と日本株が停滞する大きな原因となってきたのです。

本来、企業が稼いだお金は株主に還元されるべきものです。株主は本来そうしたリターンを求めて投資をしています。しかし、日本の上場企業は稼いだお金を平均して30％程度しか配当していません。自社株取得による株主還元を加味しても、残りの50％近くは内部留保にしてきました。

内部留保は必ずしも悪いものではありません。株主に配当しなくても、将来的に利益を拡大するための投資に使われるのであれば、それは株主の利益にもかなうものです。お金を企業の成長のための投資に回せば、企業が成長するだけでなく、お金は社会を循環することになり、経済全体の成長にもつながります。

そして、投資によって会社の利益が上がればさらに雇用を増やすことができ、従業員の待遇もより良くできます。そして、利益が増えれば配当も増やせて株価も上昇し、さらなる成長投資ができる……という好循環が生まれるのです。

しかし、成長のための投資案件が無ければ、稼いだ利益を内部留保する理由はありません。稼いだ利益は貯め込まず、株主に配当や自己株取得を通じて還元するべきです。そうすることで、株主は一定のリターンを得たり、それによって得た資金でまた新たな投資をすることができ、お金がどんどん動き始めます。

いずれにしても、企業が稼いだお金をきちんと成長投資か株主還元へと回せば、社会の中をお金が巡り、好循環が生まれるのです。株価の上昇につながり、積立金の一部を株式に回している年金なども潤います。また税収も上がり、国の財政再建にも役立ちます。日本経済を活性化させ、年金や財政の問題などの解決にもつながるのです。

ところが、上場企業は約460兆円にまでつみあがった内部留保のうち、約200兆円を現預金のまま貯め込んでしまっています。

官僚時代にこうした問題に気づいた私は、コーポレート・ガバナンスの浸透こそが日本経済を復活させる切り札になると確信し、コーポレート・ガバナンスの研究と、それを上場企業に浸透させるべく働きかけることに心血を注いできました。当初は、一官僚の立場で一生懸命に訴え行動を起こそうとしましたが、事態を打開することができませんでした。

官僚という立場からコーポレート・ガバナンスを浸透させることに限界を感じた私は、官僚を辞めて、自らプレーヤーとなることを決めました。投資家・株主として行動を起こすことにしたのです。そうして作ったファンドが、いわゆる村上ファンドです。私のファンドには立ち上げ当初から理念に賛同してくれた方が多くいて、38億円もの資金を集めてスタートすることができ、最終的には5000億円程度の規模にすることができました。

私は様々な企業の株を取得して株主として働きかけ、敵対的TOB（経営陣の賛同が得られないまま行われる公開買い付け）やプロキシーファイト（株主総会における委任状の争奪戦）などの形で闘い、主張を訴え続けました。

手掛けた数々の案件では、必ずしも当初のシナリオ通りに事が運ぶことばかりではありませんでしたが、結果的にほとんどの企業で遊休資産の活用や株主還元の動きが起こりました。その結果、株価が大幅に上昇するケースに恵まれ、ファンドとしても大きな成果を得ることができました。

経営者がきちんと投資家と対話する時代へ

私が主張していたコーポレート・ガバナンスについても、世界的な潮流もあって、このところ日本でも浸透が進んできています。特に2015年には、金融庁と東京証券取引所がコーポレート・ガバナンスを促す「コーポレートガバナンス・コード」というガイドラインを策定する、という画期的な動きがありました。

また、投資信託、年金、生損保など大きなお金を運用する、いわゆる機関投資家に対しては、大株主としての投資方針などをきちんと開示し、「責任ある投資家」として行動することを求める「スチュワードシップ・コード」というガイドラインが策定されています。

コーポレートガバナンス・コードが「あるべき上場企業の姿」の指針であるのに対して、「スチュワードシップ・コード」は「あるべき投資家の姿」の指針です。

この2つのガイドラインは、日本にコーポレート・ガバナンスを浸透させていく上で画期的なものであり、これらのガイドラインによって日本の状況は大きく改善しつつありますし、今後もこの動きが続いていくと思います。

「コーポレートガバナンス・コード」とは、上場企業に対して、主に、

・株主との対話に努めること
・情報の透明性に努めること
・株主の権利を尊重すること

・企業価値の最大化に努めること
・経営者の保身のための買収防衛策の禁止
を求めるガイドラインです。

このガイドラインに法的な拘束力はないのですが、これを順守するのか、しないのか、順守しないならばその理由は何か、このガイドラインに対する態度を表明することが上場企業に求められました。つまり、何の合理的な説明もなくこのガイドラインを無視することはできない仕組みになっているのです。

実際に、それ以降日本の上場企業のコーポレート・ガバナンスは大きく改善されてきたと思います。それに伴って日本の上場企業の資本効率も向上し、平均的なROEも改善してきています。

しかしまだ道半ばです。資本効率が低く、改善余地の大きい会社はまだまだ多いのです。日本でも欧米並みにコーポレート・ガバナンスが浸透して資本の効率化が進み、ROEが15%程度に改善していけば、株価もかなり大きく上昇するでしょう。そして、日本経済全体が大きく活性化するだろうと思います。すでに日本はその方向に動いていますので、日本株と日本経済にそのような未来が訪れる可能性は高いと思っています。

未来の投資家をつくる金融教育が不可欠

コーポレート・ガバナンスが着実に浸透する流れができる一方で、「個人が貯め込んでいるお金を循環させる」という課題については、解決に向けた動きが緒に就いたといえるかどうかという状況です。

この問題についての解決策の1つは、やはり子どものときからお金との付き合い方をきちんと学ぶことだと思います。私がコーポレート・ガバナンスを浸透させるための活動とともに金融教育に力を入れているのはそのためです。

金融教育を推し進めることで、一般的に広まっている投資に対する誤解を解き、社会的な意義の理解を広め、さらに投資の楽しさや、可能性を知ってもらうことがとても重要だと思います。

まずは、投資部に参加している皆さんがお金との付き合い方が上手になること、そして、投資の楽しさと意義を伝えられる人が増えることを願っています。

N高生との対話⑤

投資家として何をなすべきか

❓質問【投資家の社会的な役割について】

部員：村上さんが無駄にお金を貯め込んでいる会社を見つけて大量に投資して、その後目《もく》論《ろ》見《み》通りその会社が資本効率を改善して株価が上昇したら、そのまま持ち続けるのではなくて売ってしまうのですよね。それは、その会社を見捨てているように感じてしまいます。

村上：投資の大前提はあくまでも「将来的なリターンを求めてお金を投じること」ですから、目的が達せられたら売ります。自分の判断として割安だと思ったら買い、割安でなくなったと思えば売る、という自由な投資行動ができるのが株式市場の良いところであり、それは決してその会社を見捨てたとはいえないと思います。

売却したお金でまた新たな投資対象に投資して、その会社の資本効率の改善も求めていきます。そうすることは社会のお金の循環を良くすることにつながると思うので、自分の利益になるだけでなく、社会の利益にもなるような投資だと思います。それは、投資家としての社会的な役割を十分に果たすことにもなると思います。

質問【日本の将来について】

部員：自分が30歳くらいになる15年後の日本はどうなっているのかなと思っています。少子高齢化の問題があり、国の借金も大変なことになっている。年金とか社会保障制度も厳しい状況で、世界の中でも日本の存在感がどんどん低下している感じがします。自分が大人になる時に日本は大丈夫なのかなと心配です。15年後はいったいどうなっているのでしょうか。

村上：講義でも言いましたが、日本経済が長年停滞している大きな原因は、お金の循環が悪いことです。この問題が解消されれば、日本の経済や株価はかなり回復するのではないかなと思います。

8講でも詳しく説明したように、日本の上場企業にもコーポレート・ガバナンスが浸透する流れになっていて、それは日本経済のお金の循環が良くなるための大きな前進だと思います。

あとは個人が金融資産の一部を投資に回すようになれば、日本経済のお金の流れはかなり良くなり、それによって日本経済はかなり押し上げられるんじゃないかなと思います。皆さんにも、その一翼を担っていただきたいなと思っています。

ただし、人口が減少していくので、経済全体のパイが小さくなることは避けられないかもしれないですね。その点はネガティブに考えています。

あと、のちほど詳しく述べますが、AIが本格的に社会に浸透していくことのインパクトは考えておいた方がいいと思います。AIによって社会はかなり便利になるでしょうし、社会全体にとっては大きなプラスの効果があるでしょう。しかし、個人にとっては、仕事をAIに奪われてしまうというようなネガティブな面もあるかもしれません。投資についても、特に短期トレーダーなどはAIに取って代わられる面が大きいと思います。

そうしたAI全盛の社会で生き抜くためには、自分が本当に好きなことを見つけて仕事にすることが大事だと思います。また、投資については本質を見つめ直し、自分が好きな分野をつきつめて、本当に将来の社会に必要な会社を見つけて投資するという姿勢が、一段と求められると思います。

9講

AI時代を生き抜くための投資と仕事のやり方

――「ビジョン」と「ミッション」を持つことの大切さ

「幸せの基準」をつきつめる

投資で成功するために一番大事なことは、テクニック的なことよりも、投資の本質をきちんと理解し、投資の社会的な意義を意識しながら取り組むことです。自分の利益ばかりを追求するような姿勢で投資に取り組むと、かえって足元をすくわれてしまう可能性がある、ということは、これまでもお話ししてきました。

さらに、お金に対する考え方や姿勢も大事です。お金に振り回されず、仲良く生きていくためには、自分なりの「幸せの基準」を持つことが大事だという話もしました。

特に、自分なりの「幸せの基準」というのは、何をする上でも重要になってくると思います。９講では、この点を深く掘り下げて考えたいと思います。

自分にとってどういう状態が幸せなのか、というのはなかなか難しくて深い問題です。人それぞれ答えが違ってきて当然です。しかし、とても重要なポイントですから、各自で徹底的に追求していくことが大切です。

家族と過ごしている時、友達と過ごしている時、趣味に没頭している時、のんびり温泉につかっている時、体を動かしている時……など、どれも幸福を感じる時間だと思います。中には、勉強したり体を鍛えたり、自分の能力を高めている時が幸せだというストイックな人もいるでしょう。確かに、自分の能力が伸びている時というのは、とても幸せに感じる瞬間だと思います。

要するに、人は好きなことに没頭している時に幸福感を感じますし、好きなことに関して能力を伸ばしている時には、さらに幸福感を感じるものだ、といえると思います。

しかし、究極的に幸福を感じることができるのは、人のために何かをして役に立てた時、そして喜んでもらえた時だと思います。家族、子ども、恋人、友達など、自分にとって大事な人のために何かをすることができて、それを喜んでもらえたら、誰でも幸せを感じることでしょう。

そういった気持ちがさらに発展すると、他人のため、社会のために何かをすることにも、同じく幸福を感じられるようになると思います。

私は40代になってから、ボランティアや寄付などの活動を熱心にするようになりました。それは義務感というよりも、それによって幸せな気持ちを感じることができるので、「やりたいからやっている」という面が強いのです。

投資で得られるものは金銭的なリターンですが、ボランティアや寄付をすることで得られるものは、相手から返ってくる笑顔や「ありがとう」という言葉、そして自分が誰かの役に立てたかもしれないという温かい気持ちです。

このような考え方や感覚は、決して誰かに強制されるべきものではありませんが、若い皆さんの中で、早い段階でこういう感覚が芽生えてくれるとうれしいなと思っています。実際に私の話を聞いたり本を読んだりして、寄付やボランティア活動に関心を持って、それらに取り組み始めたという話を若い人から聞くこともあり、それは涙が出るほどうれしいことです。

もちろん、今の時点ではそういう気持ちや感覚を理解できなくてもまったくかまいません。なんとなく「そんなものなのかな」という程度に心にとどめていただくだけでいいと思います。

いろいろなことに一生懸命取り組む中で、自然とそういう感覚が芽生えてきたり、何かのきっかけで自然にそういう気持ちになったりするものだと思うからです。

究極の幸せは「ミッション」を追求して生きること

そして、人生において究極的に幸福な状態というのは、自分なりにミッションを見つけて、それに邁進《まいしん》している状態だと思います。

ミッションとは「できるかどうか分からないくらい難しいけれど、一生をかけてやり遂げたいこと」、「他の誰かではなく自分がやらなくてはならないと思えるようなこと」です。

そして、それは生きる意味や目的になるようなものです。

また、ミッションを成し遂げることで実現したい状態をビジョンといいます。

たとえば私の場合は、「世の中をお金がスムーズに循環して、経済も金融市場も活気に満ちて国の財政問題や社会保障の問題や少子高齢化から生じる様々な問題も解決し、皆がいきいき幸せに活動する社会を実現したい」というビジョンを持っています。

そして、そのために、「一生をかけてコーポレート・ガバナンスを日本に浸透させる」ということを自分のミッションとして日々活動をしているところです。若い人たちに向けた金融教育はその一部です。

私はお金に関することを考えたり、お金に関する活動をしたりすることが好きです。そうしたことを仕事として生きていけるだけでも幸せですが、そこからさらに自分なりのミッションを見つけて、ライフワークとして取り組めるということは、最高に幸せなことだと思っています。

まずは、自分の仕事を好きになる努力と工夫を重ねよう

では、ビジョンやミッションはどのように見つけたらいいのでしょうか。

まずは、今の自分の仕事や勉強など、自分が取り組むべきことに一生懸命に取り組んでみることです。

そのためには、できるだけ好きな仕事に就いたり、好きな勉強をするための学校に進む

べきです。お給料の良さとか、世間体や見栄《みえ》とか、そういうことだけで仕事や大学などを選んでしまうと、なかなか昼夜を忘れて取り組むということが難しいと思います。

特に仕事は一生の大半をそれに費やすものですから、やっていて楽しいこと、好きなことを仕事にできるかどうかで、その人の感じる幸福感がかなり違ってしまいます。

しかし、現実的にはすべての人が自分の好きなことを職業にできるわけではありません。「それほど好きな職業には就けなかったけど、生活のために働く必要がある」というケースも多いと思います。

その場合でも、せっかく働く以上は、学べることは可能な限り学び、工夫できるところはできるだけ工夫するなど、できる限りの取り組みをしてみましょう。そうすることによって、能力が高まり、奥深さも理解できるようになると思います。また、人が喜んでくれるような体験を重ねていけば、その仕事を好きになれることもあるのではないかと思います。

もちろん、努力したけど、どうしても好きになれないという仕事もあるでしょう。その場合は、時機を見て会社の中で仕事を変えてもらうように働きかけるとか、別の仕事を探すとか、そういったことも視野に入れる必要があるかもしれません。

しかし、１つの仕事についていろいろ勉強し、工夫し、努力することは、その後の人生において必ず大きな糧になると思います。いずれにしても、「働くことが楽しい。やりがいを感じる」という状態になれるように模索していくことが大事だと思います。

そして究極的には、働いたりあるいは趣味やボランティアに取り組んだりする中で、「これは自分が取り組むべきことだ」、「自分が生涯をかけて取り組みたい」と思えるようなミッションを見つけていただけるといいなと思います。

幸運にも自分なりのミッションを見つけることができたら、心置きなく没頭できるようにしたいものです。

そのためにも、経済的な裏付けだけはしっかりさせておきたいところです。お金の問題で苦労したり、お金に振り回されるような生活になってしまっては、自分のミッションに没頭することは難しくなるでしょう。若いうちからお金に対する知識と意識を持ち、「稼いで、貯めて、回して、増やす」という自分なりの良い循環を持っていただきたいと思います。

このように、何のために生きるのか、何のためにお金を稼いで増やすのか、ということがはっきりすれば、お金に振り回されることなく人生を送れると思います。そのような人生の中では、お金はあくまでも手段であり、道具に過ぎないからです。

ＡＩ時代を生き抜くために

若い人たちの将来を考えるにあたって、どうしても考えておかないといけないことが、もう1つあります。それはＡＩ時代の到来にどう備えるか、ということです。ＡＩ時代が到来することにより経済の生産性は格段に上がり、社会は全体的に豊かなものとなるでしょう。それはとてもいいことです。

しかし、その一方で、私たちの仕事や投資の在り方も変わっていく部分があります。仕事に関しては、現在ある職業の多くがＡＩに取って代わられてしまう可能性があります。言われたことを忠実にこなすという仕事のほとんどは、ＡＩに取って代わられるでしょう。そうなると昔のように、学校の勉強をして、良い大学を出て、良い会社に入れば一生安泰という時代とは全く異なる時代になるでしょう。

生き残っていくためには、ＡＩに取って代わられないような能力をつけて、ＡＩに取って代わられないような仕事に就くということを考える必要があります。

その時に大事なことは、やはり自分が心から好きだと思えることを極めていくことです。

そして、自分にしかできない技術・ノウハウ・発想を磨いて、AIにも取って代わられない、自分にしかできない仕事を見つけることです。それはまさに、「これは自分のミッションだ」と言えるような仕事を探すことに他なりません。

投資についても、デイトレードなどの短期的な売買についてはすでにAIを使った投資やトレードが盛んになり、従来通りの人間によるトレードでは利益が取りづらくなっているということが言われています。

外資の大手証券会社では株式トレーダーという顧客の注文に対応して市場で値付け業務をする専門職の人たちがAIに仕事を奪われて大量に職を追われるという状況になっています。

個人のデイトレーダーなども徐々に稼ぎづらくなり、ごく一部の天才的なトレーダーを除いては厳しい状況になっていくのではないかと思います。

そして、投資の世界で最終的にAIに負けずに生き残るのは、「長期的な視点で私たちの社会に必要な会社を見極めて投資するという、本来のオーソドックスな投資」だけではないでしょうか。このような投資に必要な判断力は、人間ならではのかなり高度なものだといえるからです。

ＡＩに負けずそのような投資で上手くお金を増やすためにも、自分が好きな分野に集中して勉強・研究して、その分野を極めていくことです。自分のミッションとする分野の知識は、もちろん投資にも役立つでしょう。

このように、投資の本質をよく理解し、社会的な視点を見失わずに投資を続けていくことが、ＡＩに負けない投資家になるためにも必要なのです。

今回、このＮ高の投資部の活動では、皆さんに、今後の日本に必要なのはどんな企業なのか、投資家としての自分の強みは何なのか、そして、何のためにお金を増やしたいのか、というような根本的なところから考えていただきました。

そして、興味を持った会社のＩＲ担当部署に自身で問い合わせをしてくれた人、積極的に会社訪問までしてくれた人たちもいました。そうした活動や投資を行いながら、考えたことなどをレポートにまとめてもらいました。

皆さんと面談やレポートを通じてやりとりする中で、皆さんなりによく考えてくれたことがよく分かりました。

そして、「投資の大切さも楽しさも分かり、一生投資を続けていきたい」ということを言ってくれたり、「投資でお金を稼げるようになって、エボラ出血熱などの感染症撲滅のために役立てたい」というような具体的なミッションを言ってくれる部員もいました。若者たちが社会的な関心を持ってくれて、投資にも興味を持ってくれるようになったのなら、私としてはこんなにうれしいことはありません。

これからも、自分の好きな事を極め、自分の強みを生かし、自分の頭で一生懸命に考えながら投資していくことを続けていけば、ＡＩが全盛になる時代でも、投資家として上手くやっていくことができるのではないかと思います。

N高生との対話⑥
あなたにとって投資とは何か

村上：皆さん、10ヵ月間お疲れ様でした。今日は「あなたにとって投資とは何か」を色紙に書いていただきました。それを何人かに喋《しゃべ》ってもらいたいと思います。

古屋乃亜：僕は英語で「Ｅｍｏｔｉｏｎ」と書きました。感情という意味です。投資とは自分の感情をいかに抑えつつ、他の人たちの感情を読むか、というゲームだと感じました。

村上：自分の感情はコントロールできましたか？

古屋：いや、まだまだ全然できなくて、今後も課題です。

村上：秋山くんは「道」と書いてくれました。

秋山篤憲：今後もずっと、投資を自分の一つの選択肢として持ち続けるという意味で、「道」と書かせていただきました。

村上：ありがとう。佐藤さん、これは「門」ですか？　入り口ということでしょうか。

佐藤彩海：いろいろな意味を込めました。投資でお金のことを学び、ほかにも経済、社会、政治などを勉強したという意味で、様々な学問への扉、門だと感じました。

村上：なるほど。内海くんは「鍵《かぎ》」ですね。

内海貴哉：今回の活動の中で、初めて会う大人の方とコミュニケーションをとる機会も多かったのですが、投資がそうした経験を積める「鍵」になっていたのだと感じました。

村上：伊藤くんは「心」と書いてくれています。

伊藤創：私も企業訪問などの活動をしたのですが、いろいろな方と触れ合って自分がどう感じるのか、これが一番重要なのだと思いました。自分が感じたことが銘柄選びにも直結したと思っています。この先社会で生きていく上で、一番大切なのは心だと感じました。

村上：山口さんは「鏡」ですね。

山口そら：投資の結果には、自分のそもそもの投資方針が表れていると思ったことと、株価の動きは世間の鏡だなと思って「鏡」にしました。

村上：皆さんきちんと語っていてすごい。次は三村くん。「先手必勝の数字遊びである。」というのは面白いね。

三村陽祐：まず投資は早い者勝ちだということが一つと、数字遊びと思ってやらないと、マイナスになったときに心が持たないという、僕のちょっと弱い部分ですけど……。

村上：今回、心は折れましたか？

三村：折れました。

村上：それが勉強です。私も何度も折れています。皆さん、本当にどうもありがとう。

本当は、みんながもっと投資を怖いと思ってくれても良かったかな、と思います。お金は、こんなに面白いものだけれど、まずは怖さを覚えて欲しい。そう思いました。

少し嫌な話をしますと、私の周りにも、株などで破産した人が何人もいます。いろいろな形でお金を借りても回らなくなってしまい、中には上場企業の社長で、自分の会社の株を担保にしてお金を借りて、それでも上手くいかなくて破綻《はたん》した、というケースも知っています。お金や投資は、付き合い方、やり方を間違えると本当に怖いのです。

それから、皆さんに何度も説明していますが、お金はあくまでも道具です。今回は、皆さんが勉強するための道具でした。一番大事なことは、このお金を使って経験したことで、次に何ができるのか考えていただくことだと思っています。後輩とコミュニケーションをとって、「自分たちは1年やってこんなふうに感じます。だから、こうしてください」と、ぜひアドバイスしてください。たしか漫画の『インベスターZ』もそうでしたね。次の世代に伝えてくれたら、すごくうれしいなと思います。

投資とは何か、皆さんには考えていただきました。この先、別に投資を続けなくてはいけないわけではありません。一切投資はしないという選択も、もちろんある。日本の中で株式投資をしているのは、人口の10％いないぐらいで、１０００万人もいません。そういった中で、皆さんはとても良い経験ができたと思います。それらを、今後の人生に役立てていただけることを心から願っています。

N高投資部レポート③

講義を終えて

10ヵ月の講義を終えて、部員たちは何を得て、何を感じたのだろうか。最後にレポートにまとめてくれた中から、二人の感想と将来への展望を掲載する。

住井勇哉さん

お金は血液だという言葉が自分の中には残っていて、企業と個人を循環することももちろん、新型コロナウイルスでマスク関連が特に急騰したことなど、社会情勢に呼応して色々な価値が変動している様子をみていると血液だということがリアルタイムに認識できて活動を通じてより実感できるようになりました。

投資部の活動をしていく上で、経営や経済を学びたいと思うようになり、進路を決めることができたので自分にとってはとても大きな転機でした。また、ニュースをみた時に今までは流し読みすることだけだったのが、情報を整理してメモにまとめる力がこの半年で身につきました。

今まで何気なく利用していたコンビニやショッピングセンター、よく分からない会社などをみた時に調べるようになったことも、投資部に入っていなかったら全然意識もできていなかったことだなと感じるので、社会を見る目がとてもよく育ったなと感じました。

投資部に入る前は、漠然とどこかの大学で社会科学の分野の勉強をしたいと考えていました。投資部を通じて統計学や株に携わる方々の講義を聞くうちに経営か経済の分野に進んで更に勉強してみたいと意志が固まりました。そこからイギリスの大学に繫《つな》がり、数年後の将来の進路を探し出し、決断することができました。

投資部が始まってから、ニュースをチェックした時に経済のニュースに目が留まることが多くなりました。また、ニュースをみた時にこういう銘柄が動くかもと自然と考えることが増えたので、ニュースを読んでいて社会の動きとニュースの関連性がとても摑《つか》みやすくなりました。

この半年の活動の中で嬉《うれ》しかったことは自分で予想を立てて、アプリックスで予想通りに儲《もう》けを出せたことです。1つの銘柄に絞れば最後の期間切れをのぞいて損失が一度もありませんでした。

反対に一番悔しかったことは、それを上回る損失を出してしまったことです。10万円を稼いで部として活動後も続けるという目標だっただけに結果に残らなかったことは悔しいです。更に、IPO銘柄、ドラクエウォーク、コロナ関連など、予想を立てても、情報で自分の自信を補強できず、実際の売り買いに動けなかった銘柄もあり、より悔しいと感じます。

いまBristol大学、Sheffield大学、Sussex大学の進学保証のあるファンデーションコースから合格をいただきました。そして、投資部という貴重な機会を設けていただきありがとうございました。この活動がなければたどり着かなかった未来にとてもワクワクしています。

光澤加偉さん

投資部ではたくさんのことを学ばせていただきました。普段から日経やWSJ、FT、ブルームバーグなど様々なニュースを見るようになり朝の習慣になりました。株に関しては特に、初心者が勝つには時間がたくさん必要だと感じました。

投資の基本は、安い時に買って高い時に売るという当たり前のことですが、実際やってみると、とても難しいことだと感じました。しかし、時間があればじっくり見極めて判断することができるので、これからも少額ながらやっていきたいと思います。

他には、日経平均株価を毎日見ているおかげで2020年を基準にしたとき、2万3000円を下回ったら安くなっている、逆に2万3000円台後半に行けば高くなっているということがわかってきました。また、投資部に所属してからはスーパーなどでもブロッコリーの値段が198円以上だと高いなとか同じ値段でも少し小さいなどと様々なところでお金の感覚について意識するようになりました。

反省点に関しては、自分の仮説が結果的に誤ってしまったことです。私は、2019年の時点で、2020年はＩＴの特にサイバーセキュリティ、スーパーコンピューターといったハイテク株が上昇してくると考えていました。しかし、ハイテク株はＩＴバブルとして、新型のコロナウイルスとともにはじけていきました。2020年になり、5Gやサイバーセキュリティが来ると世間では言われていましたが、世界に比べて日本での5Gの普及が遅いのが原因だと考えています。アメリカやイギリスなどでは、すでに使われ始めているために日本にもすぐ来ると言う人が多かったのかもしれません。このようにマスコミが騒ぎ立て、予測だけが先走っていくということも学んだため、今までに学んだ売却のタイミングだけでなくしっかりとポートフォリオを組んで投資しようと思います。

将来起業するにあたって、今まで私がしてきた投資とは逆の立場になり、いかに投資してもらえるか、これには絶対投資したいと投資家に思ってもらえるかについて、とても勉強になりました。実際に起業するにあたっては、もっと経済のことなどを勉強しないといけないと思いますが、最初はホワイトハッカーになるという当初からの目標に集中し、とにかく「何事にも当たっていく」ということを大切にしていきたいです。

それと、11月下旬の村上さんとの個別面談から、今まで以上に行動するようになりました。ホワイトハッカーになるためにサイバーセキュリティの技術を身につけるだけでなく、積極的に企業訪問やイスラエル大使館訪問、シンポジウムに参加し、セキュリティ業界の方々にたくさん会ってきました。また、ＮＥＣのセキュリティ研究所にも訪問させていただくことになりました。

そして、今回の活動を通じて、社会の物事に目を向けるようになり社会貢献をしてみたいと初めて思いました。私は今回の投資で資金を減らしてしまいましたが、将来資金を増やすことができたら、寄付してみたいと思っています。

おわりに

投資が日本の将来を救う

お金の本質を多くの若者に理解してもらいたい。

そんな思いでN高等学校（N高）投資部の特別顧問を引き受け、10ヵ月にわたって高校生の投資教育に取り組みました。

投資教育といえば、「資産を増やす方法」を教えることだと、期待されたと思います。もちろん、この点についても生徒たちに真摯《しんし》に語ったつもりです。でも、自分の利益ばかりを考えて投資をすることは、投資の本質ではないと思っています。

投資の本質とは何か。これを深く掘り下げていくと、世の中全体を幸せにしていく力だと言えます。そのことを理解して、世の中のどんなことに役立つのか、どんな風に良くできるのか、ということを考えながら、お金を投じるのが投資の原点だと思っています。

私自身、ファンド運営の時代から今に至るまで、「日本社会のお金の循環を良くして、日本経済を成長させ、より皆が幸せに暮らせる社会にしていきたい」というミッションを抱いて投資を続けてきました。そして、明確なミッションを抱いて投資し続けてきたからこそ、大きな成果が得られたのだと思っています。

ただ残念ながら、まだまだ「実際に自分のお金を投資に回す」ということを実行してくれる人は多くありません。日本社会全体の資金循環の改善は、私一人が頑張っていても実現できるものではないのです。多くの人に行動してもらう必要があるのです。


行動を起こしてくれる人たちとして、私が期待しているのは、これからの日本を担う若い人たちです。彼らがお金や投資の本質を理解し、興味を持って投資活動をしてくれたら、将来の日本は、もっと明るく、希望にあふれたものになるのではないかと思います。

そういう思いでN高の投資部の生徒たちに語り、対話をしてきました。残念ながら、部活を締めくくる最後の授業が、２０１９年末から感染が始まった新型コロナウイルスによって、対面で行うことができずに、オンラインとなってしまいました。

それでも、生徒の皆さんの顔が映った画面に向けて講義を行いながら、入部したころとずいぶん顔つきが変わったなと思える生徒や、積極的に発言をしてくれるようになった生徒を見て、とても満たされた気持ちで最後の講義をすることができました。

もちろん、この取り組みを始めてすぐに大きな成果が出せるとは思っていませんが、この10ヵ月で、うれしいことがいくつもありました。

まず、部員たちは活発に活動をしてくれて、中には7社もの上場企業に取材訪問に行った部員もいました。高校生が自分たちで大企業に連絡を取り、アポを取り付け、会社訪問に行ったという、その行動力は素晴らしいと思います。

また、毎日のニュースをチェックし、新聞を読み、企業のことを調べて考えることを、皆さん実践してくれました。

お金や投資の社会的な意義についても、これまで以上に考えを深めてくれました。「エボラ出血熱などの感染症の問題を知り、それを解決するために投資の力を使えるようになりたいと思った」、「東南アジアの難民や貧困問題に関心があり、投資がそうした活動の助けになる可能性を感じ、投資を通じて人を助けたいと思った」といった話を、面談で話し

３月の最終講義では、生徒１人ひとりの顔を映したタブレットと、「あなたにとって投資とは何か」を書いた色紙が並べられた。

てくれた生徒もいました。

その他にも投資の活動を通して、自分のこれからのビジョンを見出《みいだ》すことができた部員もいました。投資を通じて経済の大切さを理解し、「大学では経済を学びたい」と話していたり、「投資部で量子コンピューター関連の会社についていろいろ調べて投資するうちに、それに対する興味に火がついて、量子コンピューター関連の仕事に就きたいと思うようになり、その目標に向けて本格的に勉強を始めました」と報告してくれた生徒もいました。

こうしたいろいろな変化が部員それぞれに起きたこと自体がとてもうれしいこ

とですが、その結果として、投資の面白さや意義を感じて、部活の終了後も「投資を続けたい」と、ほとんどの部員が言ってくれたことに、何より驚き、「この取り組みをやらせていただいて本当に良かった」と、とてもうれしい気持ちになりました。

今回のN高投資部での試みでは、大きな可能性を示すことができたと思っています。私自身、引き続きN高投資部にもかかわりながら、今後もライフワークとして金融教育に一層力を入れていきたいと思うとともに、こうした活動の輪が一段と広がっていくことを願っています。

この「おわりに」を執筆している今、日本はゴールデンウィークです。残念ながらまだ、新型コロナウイルスの感染は終息が見えておらず、皆それぞれに、大変な日々を過ごしています。

私は、自ら創設した「一般財団法人　村上財団」というファミリー財団を通じて社会貢献をしていますが、今回の新型コロナウイルスに関しては、中国の武漢《ぶかん》市にて感染が爆発的に拡大していることを受け、1月下旬より特定非営利活動法人　ピースウィンズ・ジャパンと協働して武漢市への支援をいち早く開始しました。「何ができるか、何をするべきか」

という議論を重ねながら、マッチング寄付（誰かが寄付をしたときに、その同額を村上財団からも団体に寄付する仕組み）を開始し、これまで5000万円近い寄付を行っています。そして、2月以降に日本での感染拡大が始まってからは、支援の対象を日本国内へとシフトし、医療物資が不足している医療機関等を中心に、サージカルマスクなどの寄付を行ってきました。

この中国における支援は、とても大切なことを教えてくれています。実は、私たちが日本の医療機関向けに寄付をさせていただいたマスクは、武漢市において緊急支援を開始した時のご縁によって入手することのできたものです。早期に現地で開始した支援に対して、武漢市をはじめとする中国各地より大変多くの感謝をいただき、日本での感染拡大のニュースを受けて「恩返しをしたい」とお申し出をいただきました。日本でマスクの寄付が行えたのは、その方々が昼夜を問わず現地の工場との交渉を行って、私たちが優先的にマスクを入手できるように尽力いただいた結果です。こうした「恩返し・恩送り」によって、善意が善意をよび、大きな流れとなって社会の中を巡るのです。お金と同じで、流れを止めてはいけないのです。もちろんすぐでなくてもいいのです。できるようになったら、必ず恩を返す、送る。そのことを一人ひとりが忘れなければ、人生で何か思いもよらぬことが起きても、必ずセーフティネットがあるような、そういう優しい世の中になっていくと思います。

私はこの4月、5月と、自分の時間の8割以上を、新型コロナウイルス禍において自分に何ができるか考える時間に費やしています。そして4月には、東大病院の要請を受けて、抗体検査の機器を寄贈しました。この機器の寄贈を決めた理由は、日本における適切な情報の開示の少なさと遅さ、そして検査自体がなかなか大規模に行われていないことについて、大きな疑問を抱いていたからです。PCR検査についても、なぜ日本だけこんなに数が少なく、素早く多くの人が受けることのできる体制にならないのか。いろいろと理由はメディアでも流れていますが、不思議でなりません。私が暮らすシンガポールでの感染防止の対策は驚くほど厳しく、素早く対応されていて、毎日2回ほど、携帯電話に国全体の状況のアップデートが送られてきますし、懸念があればすぐに検査を受けることのできる体制が整っています。各自が携帯にアプリをダウンロードし、いつ誰がどこで誰と接触したかということも、必要に応じて政府がすぐにデータ収集できる仕組みが構築されています。正しくリスクを予測し、対策を講じる上では、こうした調査や検査の実施による、多くのデータの蓄積とその分析が非常に重要です。現在欧米を中心に、国としての対策を考えていくうえで、ＰＣＲ検査だけではなく抗体検査を広く実施し、経済活動の再開や、行動制限の段階的解除を検討する指標としていく動きが始まっています。そのデータをどう使うかはまた別の議論ですが、私は、こうしたデータの収集が、今なによりも大切で、日本が取り組むべき課題だと考えています。

皆さんも、情報を積極的に取得し、自分で考え、リスクを少しでも減らせるように何をするべきか、そして自分に何ができるか、よく考えながらくれぐれも気を付けて過ごしてください。

善意が留まることなく社会の中を巡り、新型コロナウイルスの感染が終息した後の世界が、より良いものになっていることを、心から願います。

２０２０年5月

村上　世彰

特別収録

N高投資部の軌跡

10ヵ月におよぶN高投資部の活動で、部員たちはどのような成績を収めたのか。部員の総資産の増減を表したのが、左の上のグラフである。7月末を基準とし、何%の増減であるかを示している。参考として各月末の日経平均株価の終値を重ねた。

夏の段階での投資部の動き幅は小さい。まだ積極的に投資できていない者や、買っても少し値が下がっただけで売ってしまう者も少なくなかった。秋になると、村上さんとの個別面談も始まり、自分の投資活動を振り返って冷静な判断もできるようになってきた。11月末には初めて総資産がプラスに転じた。

しかし冬以降は下降トレンドとなる。きわめつけは、2月に入って顕著となった、新型コロナウイルスによる影響だ。しかし医療関連銘柄などに目を配り、コロナ影響下でも資金を増やすことに成功した部員もいた。

部員たちは、何を考えて投資を行い、結果を見て何を感じたのか。その例として、伊藤創さん、猪俣海月さんのレポートの一部を紹介する。

投資部部員の成績と日経平均の比較

（2019年7月末を基準とし、各月末で比較）

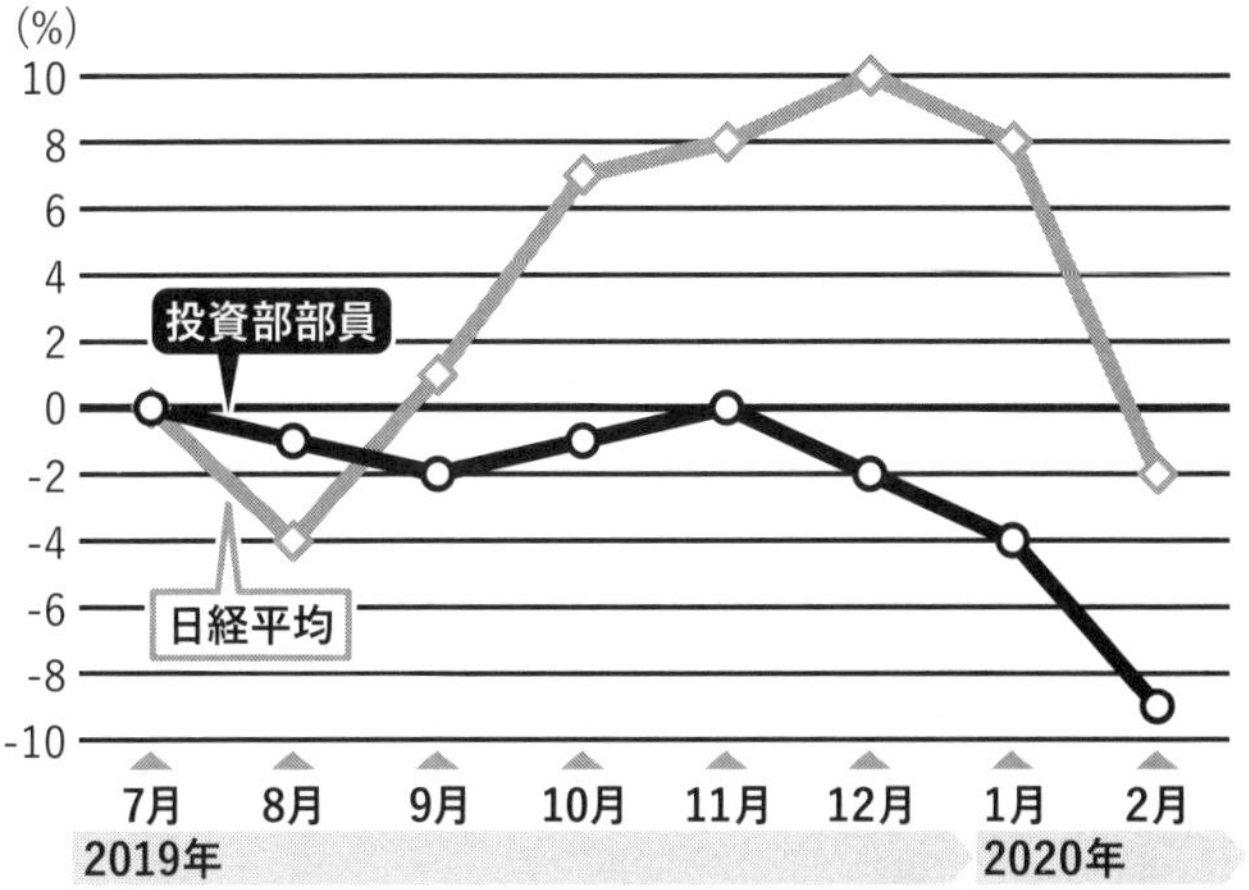

N高投資部が活動した10ヵ月の動き

2019年 5月	入部ガイダンス・村上さんの初回講義が行われる
2019年 6月	入部申込のレポート締切、部員が決まる
2019年 7月	口座を開き、本格的に投資を始める 村上さんによる第2回講義が行われる
2019年 9月	村上さんによる個別面談が始まる IR担当部署へ問い合わせ、会社訪問を始める
2019年10月	消費税が8%から10%へと上がる
2019年11月	村上さんによる第3回講義が行われる
2019年12月	13名の部員が資金50万円への増額となる
2020年 1月	2名の部員が資金100万円への増額となる
2020年 2月	新型コロナウイルスによる世界同時株安が起こる
2020年 3月	村上さんによる最終の講義が行われる

伊藤創さん

8月　人生で初めての株式投資でしたが、失敗から学ぶことが多い1ヵ月でした。印象に残った取引として、日本ファルコムとオンキヨーが真っ先に浮かびます。

まず日本ファルコムの取引は、一時的な急落を判断できず、株価の下落に怖くなり、必要のない損失を出してしまったことが問題だったと考えています。日本ファルコムでは、このような小心からの取引が多く、最初に手にした株を手放さなければ2万円ほど資金が増えていたにもかかわらず、目先の値動きに踊らされ、大局を読むことができず、資金をまったく増やせていません。

もう1つのオンキヨーの取引ですが、これは欲を出してしまい、手頃なところで利確できませんでした。その後も、出もしないIR情報が出るのではないかという掲示板の煽《あお》りに踊らされ、1週間手放さなかった事により、損失を拡大してしまったことが問題でした。

9月　コロプラで大損をして、生きている心地がしませんでした。金曜の午後でコロプラを少し買い戻し、それが火曜日にストップ高になったのは唯一の救いでした……。その後

7月末を基準とした資金の増減

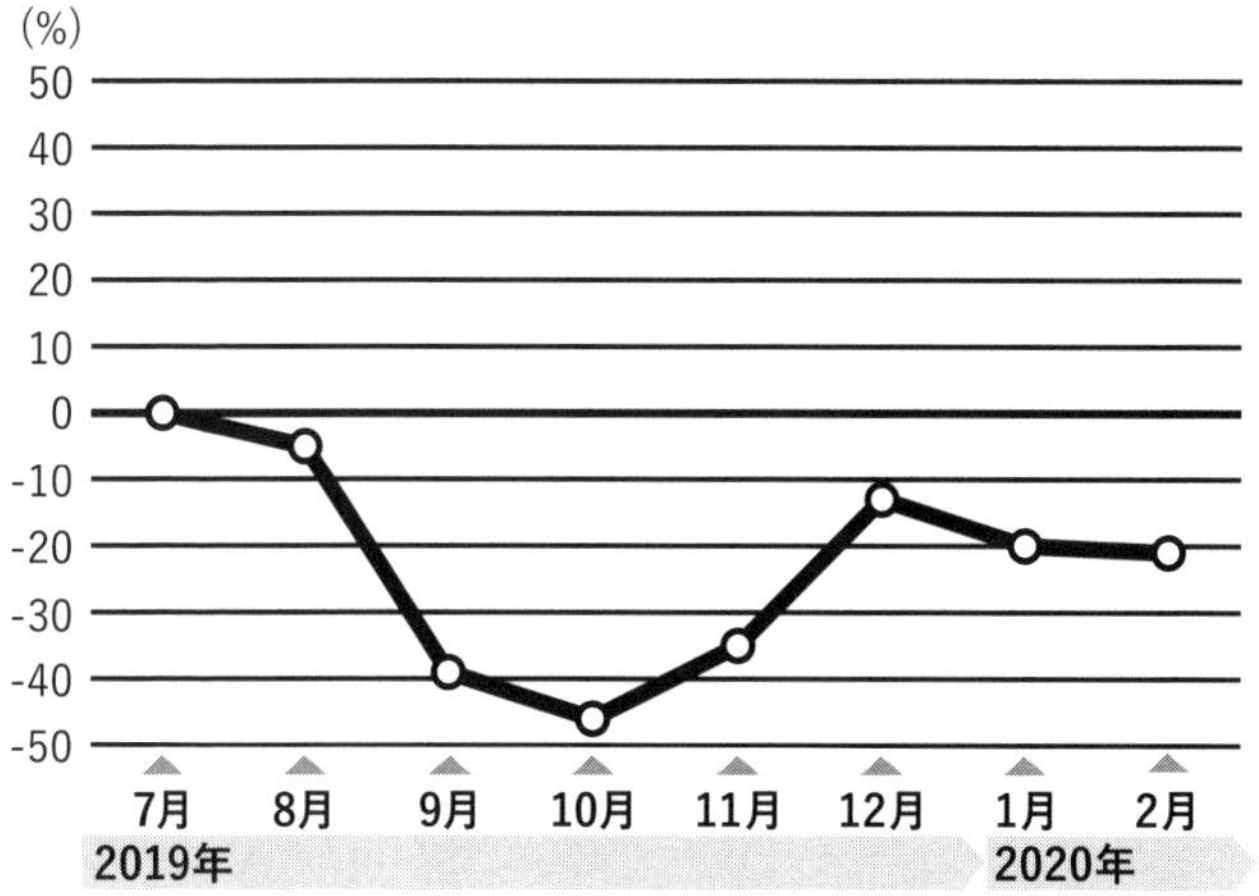

取引した株の例

銘柄名	取引株数	購入価格		売却価格
日本ファルコム	100	1433	→	1312
オンキヨー	1500	74	→	66
KADOKAWA	100	1455	→	1522
JVCケンウッド	100	268	→	260
コロプラ	200	771	→	718
エイチーム	100	950	→	956
日本ファルコム	100	1663	→	1376
KLab	100	1348	→	1100
コロプラ	100	849	→	828
曙ブレーキ工業	200	215	→	172
日本通信	500	238	→	241

怖くなって手放さなければ、もっとコロプラで利益を出せて、プラスに転じていたことを考えると、リスクとトレードオフだが、中途半端な判断だけはやめたほうがいいなと思いました。

村上さんとの面談当日に、翌日の上方修正を見込んで仕込んだ日本ファルコムと、新作ゲームの配信後一時急上昇もすぐに急落したＫＬａｂで取引をし、両銘柄とも数日間で、1日分のストップ安に相当する3万円程度の損失を出して、資金も12万円まで減り、いよいよ再起が厳しくなってきました。

まず日本ファルコムの暴落の理由としては、相場が上方修正を見込んでいて、それに気が付かず、なおかつ上方修正の幅が市場の予想よりも小さかったことが挙げられると考えています。

次にＫＬａｂの損失理由としては、新作ゲームで使用されているＩＰの強さを読み違えていたことと、購入日翌日に予定されていたガチャの更新でのセールスが芳しくなかったということが挙げられるかと思います。判断の主な材料にしていた中期の25日線も割り込んでしまったことから、急騰前の値に戻ってしまうと考え、短期で手放しました。

今後の投資方針としては、まずは格安銘柄を運用し１００円でもプラスになるように資金を増やしていき、どうにかして１５００円前後の銘柄に再チャレンジ出来るような態勢を作っていきたいと思っています。

10月　先月の乱高下を考えると、ゲーム関連銘柄は、とても自分には扱いかねるのだなと感じました。落ち着くまではゲーム関連銘柄に触ることをやめます。

コロプラで生きている心地がしないと周囲に話していたときの損失が８０００円ほどだったことを考えると、もうなんと表現していいやら……といった心理状況になりました。損失を才能のせいにする気はないですし、運のせいにする気もありません。もう少し調べれば防げたものだったかもしれません。これから先は、ただただ地道に調べるということを続けるだけです。成功体験がないためどうしたらうまくいくかといったことは、まったくわからないです。それでも手探りでなんとかトンネルを抜け出すやり方を見つけ出すのが、今の私の仕事なのだろうと強く感じました。

ここまでかなり暗い話でしたが、私自身、投資というもの自体は楽しんでいます。さらに運用資金が少なくなろうとも、投資部の活動自体は真面目に続けていこうと思っていますので、今後は自分が上がると思った銘柄をグッと握りしめることにしたいと思います。

やっとスタートラインに立てたような気がする1ヵ月でした。

11月 投資に関してはここ1ヵ月、曙ブレーキ工業を信じて資金を動かしていないので何も成果は上がっていません。ただ、ここ数週間下降傾向だった曙ブレーキ工業の株価が上昇傾向に転じたのは嬉《うれ》しかったです。来月9日に決算発表があるはずなので、それ次第では……といった感じです。

12月 想定外の増資(50万円)をいただけました。投資部として活動できる残り3ヵ月の期間の中で、より儲《もう》けを出せるかという点で計算してみた結果、12月頭に訪れた押し目で曙ブレーキ工業の株を買い集めるという選択に至りました。この追加投資は間違っていなかったと考えています。

今までに比べ、長い間同じ銘柄を持ち続けたことによって感じたのは、日々の生活に支障を来たさないお金との向き合い方です。短期トレードではチャート分析や銘柄検索に膨大な時間と知識を要し、そのどちらか、あるいは両方が不足していることによって失敗を引き起こしました。もともと数字を見ることが苦手で、投資への時間もさほどとれずにいた私にとって、9月の大きな損失は起こるべくして起こったことでした。短期投資をやめたことによってその後は一度も損切りすることなく、毎日板に張り付いて損失ばかりしていた9月以前と比べて、幸せな気持ちで生活できています。

2月 投資部に入部する前は、投資というのはものすごいエネルギーを割いて、一日中チャートとにらめっこをするスポーツだと思っていました。実際に途中までは自らの生活を犠牲にしてそれを続けていました。しかし、それはまったくもって勘違いでした。学業の副業として投資を行うには些《いささ》かエネルギーがかかりすぎ、手が回りきりませんでした。

そのことに気がつき、その後は「座して待つ」をモットーに、少数の銘柄に対して投資をしました。あらためて、私が将来少しでも得をして、少しでも楽に人生を生きる上で、投資活動というのは非常に有効な選択肢だということを投資部の活動を通じて知ることができました。自分自身が将来自活をしていく中で、株式投資というものを1つ生活の中に取り入れていこうと思っています。

猪俣海月さん

8月　最初に投資した企業はシャープでした。まず投資を体験してみようと思い、僕の家の家電にシャープ製品が多かったため、シャープを買ってみました。

本来なら、買う前に企業のＩＲ情報や業績を調べなくてはいけないのですが、とりあえず体験してみないとわからないこともあるだろうと思って買いました。実際に投資をしてみて、ある程度自分の判断に自信を持てるような、自分を説得できるようなものを持つことが大切かな、と思いました。

次に目をつけたのが、楽天です。楽天は今スマホ事業に力を入れています。大手キャリアの仲間入りを果たそうとしていて、ちょうどその時期が今話題の５Ｇの導入時期と被《かぶ》っているので、これは伸びる！　と思い買ってみました。絶対に伸びると思っていたのですが、これも少し読みが甘かったです。

基地局の設置の遅れや、トランプ大統領の対中国追加関税で日経平均株価が一気に下落……と悪材料続きで株価が落ちてしまい、戻るまで待てず売ってしまいました。

それから投資手法を少し変えてみました。自社株買いのＩＲ情報を発表している会社の

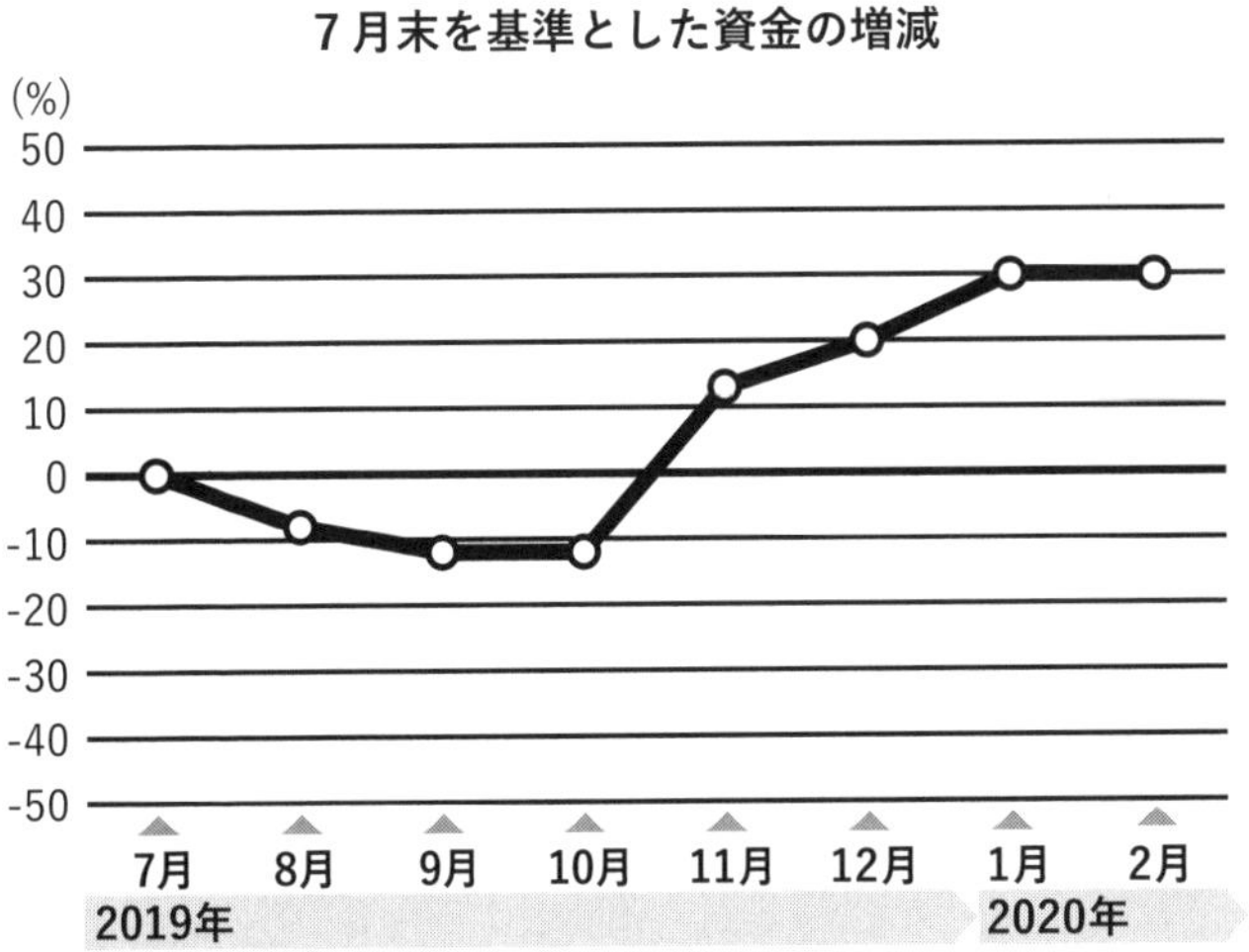

取引した株の例

銘柄名	取引株数	購入価格		売却価格
シャープ	100	1370	→	1369
楽天	100	1143	→	1022
INEST	100	73	→	70
タマホーム	100	1478	→	1505
Aiming	100	306	→	330
KADOKAWA	100	1488	→	1520
ヤマダ電機	300	495	→	515
Zホールディングス	300	386	→	429
大研医器	200	729	→	775
メディア工房	300	642	→	550
MICS化学	200	373	→	421

株をチェックし、瞬発的に上がりそうな会社の株を選び、朝一で買って、利益が出たらすぐに売るということをして、開始10分で取引は終了。２７００円の利益が出ました。今まで本当に損切りばっかりでモチベーションが落ちていたので、かなり嬉しかったです。
また、朝一にダウ平均株価をチェックし、今日の日経がどんな動きをするのか、ある程度予想するようになりました。これからは日経平均連動型株なども買おうと思っています。

9月　ヤマダ電機を、増税前ということと、株主優待の権利確定直前ということで、一定期間はある程度上がるだろうなと確信して買いました。また、ＫＡＤＯＫＡＷＡを見ていたら変動が大きくて、ちょうどかなり落ちていたので買ってみました。ＫＡＤＯＫＡＷＡは業績的にも今のところは良く、少なくとも短期であれば良いかなと思いました。

11月　先々月に購入した日本通信はしばらく置いておくつもりだったので、ホールドしておいて売りどきを探していたのですが、決算報告が11月にあり、そのタイミングで一気に上がったので売りました。
同じタイミングでヤフーとＬＩＮＥの経営統合が発表され、かなり気になったので、Ｚ

ホールディングスを買いました。経営統合を発表したタイミングで、投資家にとっては不安材料がいくつか出たので株価は落ちましたが、ちょうどいいタイミングかなと思い購入しました。今後に期待です。

2月 実際に投資を始めて、驚くほど多くの気づきがあり、すごく勉強になりました。ニュースで連日新型コロナウイルスが騒がれ、マスクや医療関係の銘柄が急騰し、値上がり率ランキングから上がりそうだなと思う銘柄を買いました。

ただ大失敗もしていて、メディア工房が毎日のようにストップ高になる時期に買ったのですが、買ったその日のうちに大量の売り注文に巻き込まれ、3万円ほど資金を減らしてしまいました。巻き込まれたときは何が起きたかよくわからなかったのですが、あとで調べたらものすごいリスクのある行動をしていたことに気づき、その経験からその後の自分の投資の手法が少し変わった気がします。

投資は何もお金だけではなくて、いろんな物がある、ということをすごく感じました。たとえば勉強だって、時間を投資するような感覚なのかなと思いました。こういった投資的な考え方は今後生きていく上で、とても強い武器になると感じています。

村上世彰（むらかみ　よしあき）
1959年大阪府生まれ。東京大学法学部卒業後、83年通商産業省（現・経済産業省）に入省。コーポレート・ガバナンスの普及に従事する。のちに独立し、99年ファンド会社を設立。現在はシンガポールに拠点を移して投資を行う。2016年には村上財団を創設し、中高生の金融教育や社会支援にも取り組んでいる。19年角川ドワンゴ学園が運営するN高等学校投資部の特別顧問に就任した。著書に『生涯投資家』（文藝春秋）、『いま君に伝えたいお金の話』（幻冬舎）など。

村上世彰《むらかみよしあき》、高校生《こうこうせい》に投資《とうし》を教《おし》える。

2020年７月17日　初版発行
2021年５月30日　５版発行

著者／村上世彰《むらかみよしあき》

発行者／青柳昌行

発行／株式会社KADOKAWA
〒102-8177　東京都千代田区富士見2-13-3
電話　0570-002-301（ナビダイヤル）

印刷・製本／大日本印刷株式会社

●お問い合わせ
https://www.kadokawa.co.jp/（「お問い合わせ」へお進みください）
※内容によっては、お答えできない場合があります。
※サポートは日本国内のみとさせていただきます。
※Japanese text only

定価はカバーに表示してあります。

ISBN 978-4-04-108871-5　C0095